U0135810

告訴我，——— 你為什麼殺人

司法精神醫學專家眼中暴力犯罪者的內心世界

Jeder kann zum Mörder werden

Wahre Fälle einer forensischen Psychiaterin

娜拉・塞美——著 姬健梅——譯 楊添圍——審訂

By Nahlah Saimeh

導讀

他山之石：德國的精神鑑定

臺北市立聯合醫院松德院區院長 楊添圍

德國，並不遙遠

繼受德國法系的臺灣刑法體系，於刑事責任與刑案精神鑑定制度，有相當多類似之處。如鑑定人的選任，仍以司法官意見為主，制度上並沒有自由選任鑑定人的設計。鑑定人與證人一樣，可接受交互詰問，但是，地位仍類似輔助檢察官或法官之輔助角色。尚且，對於責任能力的判斷，即英美法所謂終極問題（ultimate issue），鑑定人可以提出結論，未如英美法所禁止。德國與臺灣相同的是，最後判斷取決於法官，而非陪審團。

最大的差異或許在於，因精神障礙或其他心智缺陷而無罪或減刑後，若有再犯之虞，在德國可能於司法精神醫院中長期保安監護；而臺灣，則至多在受委託之精神醫療院所監護五年。

我國與德國對於責任能力，都採取所謂「混合性立法」。簡言之，要有生理性符合的疾病或診斷，為首要條件；其次，這些疾病或缺損狀態，必須影響到個人執行行為的自由意志，法學上稱為，「辨識能力」或「控制能力」兩者。

德國現行刑法第二十條規定：

行為人於行為之際，由於病理之精神障礙、深度的意識障礙、心智薄弱或其他嚴重的精神異常，以致不能識別行為之違法，或不能依此辨別而行為者，其行為無責任。

同法第二十一條規定：

行為人於行為之際，由於第二十條所列各原因，致其識別行為之違法或依其識別而行為之能力顯著減低者，得依第四十九條第一項減輕其刑。

我國立法理由中就載明參照德國之法制，而於二〇〇五年修定刑法第十九條：

行為時因精神障礙或其他心智缺陷，致不能辨識其行為違法或欠缺依其辨識而行為之能力者，不罰。

行為時因前項之原因，致其辨識行為違法或依其辨識而行為之能力，顯著減低者，得減輕其刑。

對照來說，德國所稱病理之精神障礙、深度的意識障礙、心智薄弱或其他嚴重的精神異常，即是我國所稱之精神障礙或其他心智缺陷。而後段，兩國所稱之辨識或識別行為違法，就是「認知辨識能力」；依其識別或辨識而行為，就是「情緒或行為之控制能力」。

精神異常認定有所不同

就德國鑑定實務而言，其精神異常狀態（insanity）的認定（我國：精神障礙或其他心智缺陷），似乎較臺灣更為廣泛或寬容。就其四大疾病因素而論，德國所稱「病理之精神障礙」，包括我們熟知的嚴重精神疾病，如思覺失調症、躁鬱症、嚴重憂鬱症、妄想症，以及各種原因造成的精神病狀態。而「深度的意識障礙」，包括：夢遊、極度情緒衝動以及深度催眠等與精神病狀態嚴重度類似之情形。「心智薄弱」，則指智能障礙或發展性遲緩。若僅限於這三類，則與我國精神醫學界的共識，相去不遠。

但是，德國之「其他嚴重的精神異常」可包括：嚴重的人格疾患，性偏好異常，以及嚴重精神官能症。雖然，德國在鑑定實務上多認為，其他嚴重的精神異常，必須在社會功能呈現顯著影響（正如作者在文中多次強調），而且，至多可造成責任能力減輕而無法免除刑責。但臺灣通常認定此類疾病，完全不符合刑法所稱之「精神障礙或其他心智缺陷」，不構成責任能力的減損。

換言之，即使具有精神醫學診斷，確定有精神疾病，也無法稱其一定符合刑法所稱之「精神障礙或其他心智缺陷」，因為，在這字詞裡，隱涵著法律要件的限定。

鑑定後處遇大不同

因精神障礙或其他心智缺陷、而無罪或減刑後，若有再犯之虞，在德國可能在專屬司法精神醫院中長期保安監護，實則近年來，由於出院條件更加緊縮，住院時間有逐漸延長之趨勢。而且，對於治療無明顯效果的病患，或者是性侵害犯罪者，還有所謂保安監禁的制度。

也有論者認為，德國以治療為前提，精神障礙或異常者，首應接受治療而非處罰，因此在制度上，採取比較寬容的態度；但是，一旦具有社會危險性，其治療處分的意義，就被保護性收容所取代，因此，長期收容或監禁的情形，也逐漸成為常態。

在臺灣，由於刑法第八十七條之規定，則最多在受委託之精神醫療院所監護五年。這也引發，若社會危險性無法減低，最高五年監護，是否能減少公眾安全威脅的議論。

在生硬的責任能力與兩國法律術語後，且讓大家回到故事敘述的情境裡。

白話本鑑定報告書

作者以淺顯的文字、敘事的方式報告個案，然後用被鑑定人與自己的對話，逐漸展露個案的樣貌。每一篇，都像一份白話文的鑑定報告書。在故事之外，作者也每每表明自己的專業態度：如何不預設立場地對待被鑑定人，怎麼多想一些，避免遺漏被鑑定人可能有的精神問題，同時，也不時揭露出，自己思考的邏輯與鑑定的方法、作為。作為讀者，應該會感受到一位專業鑑定者的細膩與自我要求；身為精神鑑定醫師，則是時時與作者的想法產生共鳴，更是不斷地對於其專業堅持，倍感折服。

作者說，案例不是那麼聳人聽聞，但是具代表性。實則，從殺害重病配偶，殺害老人謀財以滿足自戀需求、母殺子女、憂鬱狀態自殺殺人、尾隨跟蹤殺害前妻、遊民入侵住宅殺人、性侵犯重覆犯罪，到思覺失調症兩例殺人案件，每每都是司法精神鑑定的重要議題，更可能延生出一本本的專論與研究。

正如，美國司法精神醫學專家Malmquist所言：了解殺人，是精神醫學的任務。

橫眉冷對千夫指

在「懲罰是必要的」案例中，作者試圖與一般人的想像對話：有條理，有計畫，怎會是精神異常？凶手在表面上控制能力並未完全欠缺，實際上，是有條理、有計畫的行動。但是，關鍵的問題是，病人沒有能力和自己的病態動機保持距離，無法控制自己的動機。無法區辨事件是真實，還是自己的想像。同樣的情境，也出現在「強暴程式」案例裡。

另一方面，由於失去感情共鳴能力，這兩位思覺失調症患者，卻對加害人表現出冷漠或無法理解對方痛苦的態度。這種行為與情緒上的異常脫離，正是思覺失調症不為人理解的主因之一。

作者在一開始就提醒，精神鑑定醫師的任務，不在於評估犯行，也不在於評估犯罪動機，而只在於檢查坐在他面前，被指控犯下一樁罪行的被鑑定人，在犯案時是否患有某種程度的精神障礙。鑑定醫師必須能夠描述被鑑定人的「控制能力」或「辨別能力」由於哪種精神疾病、何種方式受到減損，即使這樁罪行引起了民眾的憤怒與仇視，即使就連略為暗示犯罪行為人的責任能力受限都會激怒大眾，但是，「司法精神鑑定醫師在做出鑑定時要始終本著知識與良知，不把公眾的期待納入考量」（「黑暗的幻想」一案）。

鑑定醫師的原則與堅持

其實，同樣身為司法精神鑑定醫師，我在這本書中，看到的不只是一個個尋常卻又滿是悲劇的案例，更多的是，支撐一位精神鑑定醫師的原則。

本書原名相當清楚，人人都可能成為凶手。作者前言就說，讓人成為凶手的原因往往十分平凡：自我憎恨、嫉妒、寂寞或是恐懼。因此，她選擇了乍看之下平凡無奇，卻值得深入咀嚼的案例，而不是轟動一時、驚世駭俗的連續殺人犯。

在後記裡，作者說，「我堅決反對把那些犯下嚴重罪行、深深傷害了他人的人視為泯滅人性的妖魔。我在做精神鑑定時，面對的從來不是怪物。事實上，作為人類，我們彼此間的共同點遠遠多過差異」。還說到，「破壞性行為是人類固有可能性，我們就是這樣，但是正因如此，正因為我們都是用同一種木材刻成的，只在細微的紋理上有所差別，我們必須辨認出那些犯下醜陋罪行的人也是人，從而在其中也看出我們自己。」

這樣的反省，並不孤獨，也不遙遠。我不由得記起，美國精神鑑定大師 Robert Simon 這段文字：

我們常認為虐殺與惡行，和正常人無關，而無視於一個基本假設：我們都是人類，有能力達成許多層次的行為，有些是好的，有些，我們相當清楚，是壞的。雖然大多數人可以遏制他們施虐、破壞的黑暗面，但是這一面卻日以繼夜地以不同程度出現與運作著。原始人類以為，月缺時，部分月亮也消失。今天，我們知道，月亮的黑闇部分，雖不可見，但依舊存在。

感謝臉譜出版，得以先睹為快，而閱讀過程更帶給筆者諸多感動。相信讀者可以對於司法精神鑑定，有深一層認識與體會，更可以在各種案例中，感受到一位鑑定醫師的專業與真誠，還有她如何協助法庭裁判，卻又如何面對與詮釋人人困惑難解的人性邪惡。因此，我相信，這本書的出現，會讓許多精神鑑定的同儕們，獲得繼續堅持的能量和激勵。

參考文獻：

1. 張麗卿（2011）：司法精神醫學——刑事法學與精神醫學之整合。台北，元照。
2. Norbert Konrad & Birgit Völlm (2014): Forensic psychiatric expert witnessing within the criminal justice system in Germany. International Journal of Law and Psychiatry 37: 149-154.

目次

前言

談論「邪惡」的書籍和文章目前正熱門。這些作品帶我們見識刑警的偵查作業，領我們一窺法醫的工作內容，並且解說偵緝科學的新方法，所敘述的多半是些兇暴殘忍得令人匪夷所思的暴力行為，而正因為離奇難解而對世人產生了某種吸引力。我們得知了犯罪行為如何在短短一夕之間侵入了普通市民的生活。一般的新聞報導中經常使用像「禽獸」或「怪物」這類字眼來向好奇的大眾描述落網的罪犯，也常帶著千篇一律的訝異來評論罪犯的平凡外貌——彷彿在一般情況下外貌和性格有所關連似的。

而在我和犯罪行為人所做的鑑定訪談中，我一再發現他們往往的確是不顯眼的平凡人，有不少人帶點靦覥，略顯笨拙。簡而言之，那些人就像你和我，在犯法之前曾經努力掌握自己的人生，多少還算平順。無怪乎在一樁轟動的逮捕事件發生後，左鄰右舍總是異口同聲地說：「實在想不到他會做出這種事。他一向都是那麼不起眼，那麼彬彬有禮而且樂於助人。」

然而這樣的罪行何以會發生？和氣的鄰居怎麼會忽然成了暴力罪犯？一個也許不久前才賣了麵包給我們、或是替我們規劃了搭機行程的年輕女子，怎麼會殺死自己剛生下的嬰兒？是什麼促使這些人使用暴力、做出殘忍的事？生活中的何種變故會使得一個人的所作所為違反了社會生活的所有規則，違背了人性的所有價值？

身為司法精神鑑定醫師，這正是我每天都要面對的課題。常有人問我當初何以選擇這門職業。小時候我希望成為外科醫生，完全沒考慮到自己雙手不夠靈巧。而大學裡的一堂精神醫學課燃起了我的熱情，在短短的時間裡，精神醫學在我眼中就成了人類醫學科目中最特別的一科。是心靈使我們成為人類，顯出我們身而為人的特質。因此，精神醫學和研究人類的其他學科之間交流密切，例如生物學、心理學和社會科學。司法精神醫學位於精神醫學、心理學、神經科學、生物學、社會科學、犯罪學、警察學和刑法的交集地帶。Forensic這個字源自拉丁文的forum（意為廣場、劇場、法庭），據此，司法精神鑑定醫師的任務在於提供精神醫學上的知識，供各級法院與機關解答特定的問題。

在狹義上，如今提到司法精神醫學時主要係指針對犯罪行為人所做的精神鑑定和治療，雖然嚴格說來，涉及社會法和民法的精神醫學問題也屬之。狹義上的司法精神醫學醫師治療患有精神疾病的人，就跟其他的精神醫學醫師一樣，但不同之處在於：司法精神醫學醫師在特殊部門或醫院裡治療的就只是患有精神疾病的罪犯，或是說得更確切一點，是那些**由於**患有精神疾病以致於不具有責任能力或是責任能力顯著降低，才犯下罪行的人。司法精神醫學醫師的任務在於治療「危險性」，亦即治療罪犯所患有的精神疾病或精神障礙，以使當事人在未來不會再犯罪。有別於一般的報導，這種治療通常相當成功。我常把司法精神醫學比擬為一種「社會助產士」，它協助當事人成功地跨出走進人生的頭幾步。換言之，司法精神醫學醫師的治療任務一方面有益於在一樁刑事訴訟中交由他治療的犯罪病患，另一方面也有益於社會安全及預防犯罪。

另外，司法精神醫學也是一套細膩的刑法制度不可或缺的一部分，把患病而不具有責任能力的罪犯以及健康而具有責任能力的罪犯區分開來。古希臘哲人亞里斯多德就已經在刑法上做出了這種區分，認為患有精神疾病、由於精神錯亂或心智混亂而犯罪的人不該受到懲罰。

然而，「有責任能力」和「無責任能力」的分割點在哪裡呢？怎麼樣就算是病態？怎麼樣還算是健康？

身為司法精神醫學醫師，在這本書裡我想藉由挑選出的殺人案例與性犯罪案例來回答這個問題：人怎麼會成為凶手和強暴犯？我舉的例子是警察、檢察官、法官、辯護律師和專家證人每天都要面對並且在法庭上公開審理的案子。我將敘述一些人的故事，這些人原本可能引起我們的好感或同情，卻做出嚴重的犯罪行為，以某種方式損及別人的生命，甚至毀掉了他人的一生。而我希望以應有的公正客觀態度，和淺顯易懂的語言來描述這些犯下罪行的男男女女。我胸中沒有成見，懷著尊重與禮貌面對被鑑定人，因為我認為這是人與人之間每一次接觸都應該要有的基本態度。另一方面，我的任務既不在於讓對方利用，也不在於低估暴力犯罪行為或加以美化。我也不認為每個人都能用精神治療來「治癒」，即便司法精神病院對於所收容的大多數病患來說肯定能夠提供很好的治療機會。各位將會看見我所敘述的這些案例並非全都發生在明顯可見的悲慘情況中。而各位也會察覺，影響人格發展並造成日後之犯罪的幾乎總是人際關係的情感品質。也就是說，所有的犯罪行為基本上都是**十分人性**的，並非「怪物」和「禽獸」的行為。事實上，正因為如此，這些罪行才如此令人心情沉重。

長年的經驗使我明白，讓人成為凶手的原因往往十分平凡：自我憎恨、嫉妒、寂寞或是恐懼——這是我們大家或多或少都熟悉的感受，即使我們並未因此訴諸暴力行為。

當我們明白大多數的罪犯並非另一種人類，明白他們其實只在少數幾個層面和我們有所不同，我們就能使自己對全體人類的看法更加完整，並且反映在我們的社會政策、社福政策和刑事政策中。同時，我們也會了解到「邪惡」是多麼平凡無奇，了解到人類社會不可能沒有惡，也體認到，正因為如此，一個社會必須保持其人性。

娜拉・塞美醫師

黑暗的幻想

退休老人威利．赫博恩每天早晨都被鳥鳴喚醒，一如五月的這個星期天。在他所住的小公寓裡，他走到客廳兼臥室的陽台上，望向一片社區園圃春意盎然的綠地。天才朦朦亮，他正想再走進屋裡，這時他注意到馬路上有一堆火，就在那片社區園圃旁邊，彷彿有人在馬路中央點燃了厚紙板或是紙張。他心中納悶，不以為然地搖搖頭，顯然有人以這種方式來處理自家的垃圾，而且居然是在一片綠地旁邊。他擔心火勢會延燒到那些園圃，於是跑去打電話通知了消防隊和警方。接著他趕緊穿好衣服，好奇地跑到馬路上去親自了解一下情況。他在火堆旁適當的距離外停下腳步，感覺到從火焰冒出的熱氣……到底是什麼東西在燃燒呢？他依稀看出地上有件長形的東西，以不規則的形狀突出於四竄的火焰中。他的心跳加速，然後他明白自己看見了什麼：那是一具人體的輪廓。

他不禁脫口喊了一聲「天哪！」，更加希望警察快點趕到。

不久之後消防隊和警方就抵達現場。火焰撲滅之後，就能清楚看出那是具仰躺著的女屍，雙臂和雙腿微微彎曲，臉部被燒得面目全非。由於現場燒毀的情況嚴重，無法確定那女子原本是否穿著衣服，但明顯可見死者身上綁著兩圈鐵絲，分別在脖子和膝蓋的高度。鐵絲有好幾公釐粗，十分寬鬆地圈住屍體，顯然既不是用來勒住死者的脖子，也不是用來綁住死者。

警方封鎖了發現屍體的地方，詢問目擊證人赫博恩都看見了些什麼，但是他所看見的就只有那一堆火。

此時在這個寧靜的住宅區有好些居民注意到警察出動，圍過來看熱鬧。大約一個小時之後，一名四十多歲的男子從那片社區園圃跑出來，他略顯矮壯，身手稱得上矯健，朝著仍站在起火點的警察跑過去。他自稱名叫葛歐克・塔姆，說他太太失蹤了：

「昨天晚上她想再回我們家一趟，去拿幾件比較暖和的衣服，可是之後就沒有再回來。我們星期六在這兒的園圃工作，在園中小屋吃了晚餐。我原本在等她回來，可是後來我累了，不知不覺就睡著了……」

由於有暴力犯罪的跡象，此時刑警也接獲通報抵達現場。負責偵查的員警問塔姆身上是否有他太太的照片。

塔姆從皮夾裡抽出一張有點磨損的大頭照，上面是個大約三十五歲的女子，帶著和氣的笑容，有一雙藍眼睛和一頭中等長度的金色鬈髮。

「你可以帶我們去看一下你們那塊園圃嗎？」一名員警問道。

「當然可以。」塔姆回答，領先幾步穿過那片社區園圃。他們沿著中間那條筆直的小路在第四條岔道左轉，來到一小塊有著花圃、小菜園、幾叢覆盆子灌木和兩棵蘋果樹的園圃。塔姆打開園中小屋的門鎖，那些警察看見一個小房間，裡面有一張可以打開成為雙人床的沙發、一張茶几、一張單人高背沙發、兩盞落地檯燈和一個收納衣物的五斗櫃，地上鋪著一小塊波斯地毯，另外還有一套簡單的廚具。五斗櫃上擺著一個可放兩張相片的相框，一張是葛歐克．塔姆和他太太的結婚照，在另一張照片上塔姆摟著妻子，兩人對著攝影師露出幸福的笑容。小屋的後側有一扇門通往一間小儲藏室，裡面擺放著全套園藝工具。

幾位刑警檢查過那間園中小屋，然後請塔姆跟他們一起到派出所去，因為針對他太太的失蹤警方還有些問題要問。

在派出所，葛歐克．塔姆給那幾位偵訊員警的印象是冷靜而沉著，雖然有時候他得強忍住眼淚。「我和我太太想把園圃整理好，打算在那裡住兩夜。星期六我太太還跟朋友約了打壁球，之後她回到園圃來吃晚餐，晚上就只是想再回家一趟。」他的下唇開始顫抖，似乎在勉力維持鎮靜。「我在沙發上躺下，後來就睡著了。」他說他在清晨將近五點時醒來，發現他太太不在。

警察覺得很奇怪，他顯然沒有打電話找他太太。

「她把手機留在小屋裡了，因為她很快就會回來。」塔姆這樣解釋。

「當她沒有回來，你有打電話回家找她嗎？」探長問道。

「沒有，我根本沒注意到她沒有回來，因為我睡著了。」

儘管淚水湧進他眼睛，塔姆仍然給人一種自制、就事論事、出奇疏遠的印象，與他身為丈夫而不知道妻子下落的處境似乎一點也不相稱，而他們夫妻倆原本計劃好要在綠地裡休養幾天。

那兩名刑警在聽葛歐克．塔姆說話時瞥見他擱在桌上的雙手，注意到那雙手的皮膚明顯發紅，係由於短暫接觸到高溫物體而造成。刑警聽完葛歐克．塔姆的陳述後就中斷問話，以便私下商談。

兩名警察起了疑心，覺得這個故事很蹊蹺，似乎像是編造的，也納悶塔姆何以剛好在大批警力於清晨出動時向警方通報妻子的失蹤。此外，塔姆的雙手呈現出燒傷的痕跡。他們決定立刻拿這一點來質問他。

「塔姆先生，你涉嫌殺害妻子並且焚屍。」一名警察率先開口，向塔姆說明現在他有機會先和一名律師商談。

葛歐克．塔姆的雙肩一沉，移開了目光，然後結結巴巴地開始敘述。「算了。反正現在一切都無所謂了！」塔姆的眼淚再度奪眶而出，但他隨即鎮靜下來。「我告訴你們這是怎麼回事。我今年四十四歲，我太太比我小一歲，我們結婚十九年了。本來一切都好，可是五年前我太太罹患了多發性硬化症，那對我們有如晴天霹靂。那時候她的雙臂和雙腿都會發麻，四肢也會短暫無力，還好情況隨著治療明顯有改善。起初她也有視力障礙，但後來就好了。可是雙手發麻的情況卻還是一樣，有時候東西就這樣從她手裡掉下來。她姊姊也患有多發性硬化症，不過必須坐輪椅。當她姊夫有一次得去住院，我們幫忙照顧她姊姊，那對我來說是個很大的負擔。」他深深吸了一口氣，接著繼續說：「這幾個月來我一直在想，假如我太太上了年紀以後病情加重，對於藥物的反應不再那麼好的話，會是什麼情況。假如必須要由我來照顧她的話，會是什麼情況。而我明白了我做不到，也不想去做。起初我考慮過和她離婚，可是我總覺得這樣做有點卑鄙。我愈來愈苦惱，從一月起就沒法好好睡覺，沒辦法專心做任何事，我覺得自己真的很憂鬱。」葛歐克・塔姆語帶遲疑，會在說到一半時打住，停頓一會兒，彷彿要大聲說出他不認為自己有能力在妻子生病時照顧她令他感到不自在。他的嘴巴扭曲，隱隱露出厭惡的表情。

檢察官之所以下令讓塔姆先生接受精神醫學鑑定以確認他是否具有責任能力，是因為塔姆在接受審問時提到他會憂鬱地鑽牛角尖，並且有自殺的念頭。

憂鬱的人很少做出犯罪行為，在司法精神病院的病患中也屬於極少數。當有人在嚴重憂鬱的情況下犯下罪行，往往是在因疾病而導致自覺走投無路時犯下殺人罪。嚴重憂鬱的人懷著巨大的罪惡感，或是擔心自己和親人的未來會很悲慘，於是想藉由死亡來使自己和親愛的人免於承受這種未來。因此他們尤其會帶著子女一起赴死，而這種所謂的「自殺合併殺人」有時會悲劇性地失敗——患有嚴重精神疾病的犯罪行為人在幾乎用盡了全部能量的情況下勉強成功地殺死了自己的孩子，但是自殺卻沒有成功，原因往往在於他最後沒有了自殺的力氣。

在葛歐克．塔姆一案中，殺妻是否是他所計劃的「自殺合併殺人」的第一階段？「自殺合併殺人」的定義包括被殺的其他人並未同意此一行為。這是發生在葛歐克．塔姆身上的情況嗎？難道是他在憂鬱中自覺處理不了生活和生活中的困難，乃至於他預先計劃了和妻子一起赴死？難道他是不想拋下生病的妻子？

檢察官從科隆打電話給我，告訴我事由，問我能否替葛歐克．塔姆做精神鑑定。於是我拿到了警方的偵辦檔案，包含葛歐克．塔姆的詳細供詞，是他在完全沒有和律師談過之前就向警方坦承的。我看見那間園中小屋的照片，整理得乾乾淨淨，賞心悅目，還有那片受到悉心照料的小園圃，種著盛開的杜鵑花叢、薔薇灌木和尚未長大的蘋果樹。我看見那具女屍被焚燒之處的照片。燒焦的屍體以所謂的「擊劍者姿勢」仰躺著，雙臂和雙腿向上彎曲。這個姿勢是在屍體被焚燒時產生，由於雙臂及雙腿內側彎曲處的肌肉收縮，使得雙臂和雙腿在手肘和膝蓋關節處彎曲。然後我看著照片上那個寧靜的住宅區，最後看到圈住死者脖子和膝關節的鐵絲套圈的放大照片。這是實用的搬運提把，我心想，就像搬運大型郵件包裹時用的。把妻子在一片社區園圃的外圍燒掉，這是多麼奇怪的主意。這也許是個信號，象徵著對妻子的懲罰和當眾羞辱，由於犯罪行為人自覺受到妻子的深度傷害，有可能是出於嫉妒；要不然就是表示出犯罪行為人在事前沒有好好考慮過要如何毀屍或藏屍。我想了想我所知道的那些被當眾焚燒的人，想起一個患有思覺失調症的庫德族人，在德國還大幅報導基於政治理由而當眾自焚的庫德族人時，他在自己身上澆了汽油，點了火。當眾自焚就是這種駭人的信號。至於當眾焚燒他人，不管是焚屍還是活活燒死，通常都是種野蠻的懲罰，而且多半與政治動機有關，或是發生在類似內戰的情況下。某些亞洲國家另外有深植於文化中的儀式性焚屍習俗。可是在德國的科隆市當眾焚屍？在花木扶疏的園圃附近？

我在檔案中看見一張超市的結帳收據，時間是星期六中午十二點三十七分。照這張收據看來，葛歐克．塔姆買了蔬菜、兩罐去皮蕃茄、調味湯粉和吐司麵包——顯然是為了計畫中的那頓晚餐，在他殺死太太之前。根據警方的註記，這張收據是在塔姆的汽車上找到的，他的車就停在社區園圃入口大門外幾公尺處。

驗屍報告說明該女子在被焚燒之前已經死亡。結膜及口腔黏膜上的點狀出血是窒息而死的明顯徵狀，肺部也有窒息造成的典型點狀出血。除此之外沒有受到其他暴力。

接著我讀了那份十分詳盡的被告偵訊筆錄，在筆錄中葛歐克．塔姆詳述了犯罪經過與犯罪計畫。

他向負責偵訊的警察說明：「好幾個月以來，我就擔心她老了以後可能會需要照護。我心裡明白，假如她癱瘓了，到最後大小便失禁的話，我會覺得很噁心。我先前說過，照顧我大姨子的時候我已經有過經驗，知道那不是我想做的事。當時我也得知多發性硬化症可能會改變患者的性格，這令我心灰意冷。在那之後我有了很黑暗的幻想。起初我想自殺，因為我覺得我應付不了和我太太在一起的生活。我對這段關係感到厭倦，但我也覺得自己有責任。」檔案上說葛歐克．塔姆輪流看向兩個刑警，像是想要確認對方了解他的意思。「於是我想到自殺，因為我看不見出路，可是又不想留下我太太一個人，我的意思是我不想分手。」他們夫妻之間並未發生具體的爭吵。葛歐克．塔姆繼續述說他從好幾個醫生那裡拿到了鎮靜劑，把藥片藏在汽車行李廂的底層暗格，藏了好幾個星期。「後來，那些黑暗的幻想漸漸改變了方向，變成我可以殺了她，而不必自殺，但是在離別之前我還想讓她享有一段美好的共處時光。我並不想折磨她，並不想沒必要地讓她難受。」於是他想出了個主意，額外多休一天假，五月時和他太太在園圃小屋裡度過一個長週末，然後在那裡殺死她。「昨天我開車去超市購買週末要吃的食物。我太太出門的時候，我先煮了湯，也把過夜要用的其他東西打包好。我在麵包上塗好奶油，把安眠藥溶解在湯裡，大概有三十顆。我心想說不定這些藥片就夠了，而我根本不必再動手。無論如何她不會受苦。星期六她還和她朋友瑞娜特一起去運動，然後她朋友送她到我們的園圃小屋，在那之後我們就在一起。我們喝了咖啡，然後在園子裡工作了幾小時。後來對面的鄰居也過來找我們，我們和他一起在園子裡吃飯聊天。這一切都很愉快。晚上我們還玩了拼字遊戲，之後吃了晚餐。我說我並不太餓，就只吃了一塊火腿麵包。但我太太很喜歡那道蔬菜湯，所以也把湯喝了。她沒有再出門，因為喝了湯之後她很快就變得昏昏沉沉的。」

根據這份報告，葛歐克．塔姆向警察敘述他如何仔細地觀察他太太，看見她漸漸地愈來愈疲倦，看見她倒坐在那張單人高背沙發上閉上了眼睛。他跟她說話，問她是否不舒服。「我忽然覺得好累！」根據葛歐克．塔姆的敘述，這是她所說的最後一句話。

他提議送她上床，把沙發床打開，迅速鋪了條毯子在上面，把這時已經嚴重昏沉的妻子抬上床，然後等到她沉沉睡去。根據他的陳述，到那時為止一切都按照計畫進行。然而他還是舉棋不定，自問他是否真的該把事情做到底。「可是如果我太太之後從這種不自然的疲倦中再清醒過來，我該怎麼跟她說？」當他聽見她沉沉的鼾聲，他確定了這樣的機會不會再有。於是他從床底收納箱裡再拿出一條毯子，用半條毯子蓋住妻子的頭頸，使他不必看見她的臉，跨坐在她身上，緊緊扼住她的頸部。「我太太的手臂微微舉起，但是稱不上反抗。我一直掐住她的咽喉，直到她停止呼吸。在那段時間裡，我仔細觀察她的胸部還一起一伏了多久。我不想太早鬆手。後來我確定她已經死了。我把耳朵靠在她的胸前，但是已經聽不見心跳。我還朝我的手錶看了一眼，那時是晚上十點半。然後我察覺自己有多麼疲倦。我完全筋疲力盡。我先讓自己倒在床上，在我太太身旁，後來我甚至真的睡著了，雖然我根本沒打算要睡。等我醒來，時間是凌晨三點四十分。那種感覺就像身處地獄。當時我就已經覺得自己犯下了一個可怕的錯誤。」警察問他在這個時間點是否曾想過要報警。「我有想過，但只有一會兒，既然事情已經走到了這一步，我也不想太早放棄。我本來想用手推車把她推到我的汽車那兒，把她放進行李廂，載到克萊沃去。那片森林我很熟悉，我太太和我常去那裡散步……我想把她埋起來，然後再去通報她失蹤了。於是我趕緊從園子裡把手推車拿進來，把我太太抬上去。然後我推著手推車往社區園圃的大門走，可是這時候她又從手推車上掉了下來。我想起來在工具間裡還有鐵絲，於是我用鐵絲做成套環，套在她的脖子和腳上，讓我更方便搬運她。畢竟之後我還得把她弄上車。我又把她抬上手推車，接著跑去開我的車，把車子直接停在社區園圃入口大門前面，然後再跑回去。我不太清楚這整個過程實際上花了多少時間，據我估計一共大概是二十五分鐘到三十分鐘。我用推車把我太太推到汽車那兒，卻發現我沒辦法把她放進行李廂。我忽然變得太虛弱，實在沒有力氣了。畢竟這也不是我每天都會做的事。」塔姆顯然意識到不是所有的事都將按照計畫進行，但仍舊還不想放棄。這時他想到了把妻子的屍體就地焚燒這個主意。他把車子開到一小段距離之外，從行李廂拿出汽油桶。他向那兩名警察敘述他如何把妻子的屍體放在馬路上，澆上汽油點燃。點火時他把打火機直接拿在從妻子屍體流淌到馬路上的汽油上。他手上的紅斑就是這樣來的。接著他跑回那間園中小屋，把沙發床再收起來，折妥寢具，躺在沙發上，試著整理思緒。下一步該怎麼做？屍體在燃燒，總有被發現的時候。會有人發現他太太，他會去通報她失蹤了，而葛歐克・塔姆在未經仔細思考的情況下希望警方會去搜尋一個陌生的凶手。他過於筋疲力盡，無法再做進一步的思考。但總之，整件事情並未按照他的計畫進行。

「我本來打算在星期天通知我太太娘家的人，說她失蹤了。但是現在大概沒有這個必要了。」

我讀了這份十分詳盡清楚的供詞，心想葛歐克・塔姆不知道是否會再更改這番陳述，因為他描述了一件目標十分明確、有計畫、能夠對當下的干擾因素做出反應的行動。日後他會不會將這些陳述全盤撤回？會不會改用不同的方式來敘述某些事項，有別於他最初所做的詳盡敘述？

我去監獄裡探訪塔姆先生。一名獄警把我帶到一間大約十平方公尺大的探訪室，裡面擺著一張木桌和四把木椅，在談話時製造出相當大的回聲。光線主要來自天花板上的日光燈管，而非來自那扇位於高處、加裝了鐵柵的窗戶。

我帶著偵訊檔案、筆記本、原子筆，還有一小包面紙——以免被鑑定人在談話中忍不住哭起來。我公事包裡的所有其他物品都必須留置在監獄門房那兒的置物櫃。說到哭泣：在不少情況下，我去探訪的那些被拘留待審的人會想起自己的困境，不管這困境是他們自己造成的，或者他們只是以某種不幸的方式陷入其中。有些人是為了自己而哭，主要替自身的處境感到難過，而非惋惜他們對被害人造成的傷害；另一些人則的確是為了自己在別人身上造成的痛苦而哭。還有一些人之所以哭泣是因為說起自己人生中在身心上所遭受的傷害和虐待，這些傷害至今尚未平復。第四種人有時則顯然是出於算計而勉強擠出眼淚，這就是俗話中所謂「鱷魚的眼淚」（譯按：意指虛偽的眼淚）。這種人希望藉由假裝懊悔或是心情沉重而使鑑定人做出對他們較為有利的評價。

葛歐克．塔姆坐在我對面，他的頭髮剪得很整齊，身穿襯衫、毛衣和長褲。他說自己還很不習慣監獄裡的環境，尤其是缺乏隱私。當時牢房裡的廁所還沒有用屏風遮住、和牢房的其餘空間分隔開來。他擔心自己所犯的罪可能會讓他被拘留很常一段時間。

當世人想要表達出他們覺得面前的人有點可疑、不太值得信賴，他們往往會戲謔地說：「我不會想向這個人買二手車！」

別人會想向塔姆先生買二手車嗎？當我與他相對而坐，我想是會的。因為葛歐克．塔姆衣著整潔，舉止有禮，單從外表來判斷，肯定能獲得別人信賴。然而，要從外表去推斷一個人的行為和動機是完全不可能的。騙徒所利用的正是這種現象，他們會刻意採用目標族群的衣著風格和行為方式以贏得對方的信任。

是什麼導致這個中產階級的中年男子殺死妻子，把他到目前為止的人生拿來和接下來的多年牢獄生活交換？為什麼他會覺得殺死妻子要比和她離婚更合理？他是怎麼權衡利弊得失的？

我見過幾個案例，是丈夫或妻子在殺死了重度殘障、病情嚴重的親人之後試圖自殺。可是在這些案例中，當事人是長期以來就由於全心全意照顧親人而承受著很重的負擔，由於責任感、想把事情做得盡善盡美、以及對病人的愛，完全忽略了照顧自己，終於耗盡了精力。而根據現有的所有資料，此案並非這種情況。因此我將更仔細地針對憂鬱時期的症狀詢問葛歐克・塔姆，並且詢問他這些症狀如何表現在日常生活中，或是這些症狀只與他太太有關。

葛歐克・塔姆針對自己的人生所述說的第一件事是，他在十一歲之前有個美好的童年。他出生於萊茵河下游的克萊沃，身為獨生子，起初跟著雙親在表面上井然有序的環境下成長。他外婆也與他們同住，而塔姆先生和外婆的關係很親密。他母親的個性比較冷淡而難以親近，由於擔任秘書的她和擔任油漆師傅的父親要外出上班，他受到外婆的悉心照顧，而外婆也教他規矩。然而在葛歐克・塔姆十一歲時，他外婆由於腦出血而驟逝，從那以後他在家裡就沒有了親密的關係人。「我跟我母親之間的關係一向疏遠，我認為她原本根本不想生小孩。我父親喝酒喝得太多，也因此在我十四歲時丟了工作。他酗酒的毛病為我們母子帶來負擔，但是我母親什麼也不說。兩年後他死於肝硬化，我得承認那讓我鬆了一口氣。」

我問起葛歐克．塔姆的求學生活，以便更清楚地了解他的童年及少年時代。

「我跟一般孩子一樣在六歲入學，在學校裡很用功，在我外婆去世之前不久進入文理中學[1]。我一心想要盡快離開父母家。我還把中學讀畢業了，但我不想上大學，而想馬上接受正式的職業訓練，才能夠盡快自立。我跟我母親之間的關係仍舊疏遠。在我外婆和我父親死後，就更清楚地看出我們母子之間根本沒有感情。後來我怪她對我父親酗酒的事袖手旁觀。那時我十八歲，不久之後就要搬出去住。從那以後我們就沒有再說過話。」就連他後來結婚也沒有邀請母親來參加婚禮。

葛歐克．塔姆說話流暢，速度很快，彷彿想以快速的敘述方式模擬當年搬出父母家的速度，當年他目標明確地規劃了自己的人生道路。

他敘述自己在中學畢業後接受了運輸商務的訓練，後來被一家大型物流公司雇用，直到他被捕之前都在該公司工作。他在接受職業訓練時認識了他後來的太太太蓋碧，那時他二十歲，當時她在街角那間他常去的義大利餐館擔任服務生。蓋碧的家人單純而親切，很快就開心地接納了他。葛歐克．塔姆也是透過蓋碧而開始從事社區園圃的栽植，從前他對這種活動一向有點不屑，因為他父母親擁有的獨棟洋房有屬於自己的大花園。不過，自從他在科隆定居，他徹底愛上了綠地裡的這一小片寧靜土地，也培養出對園藝的興趣。而他主要是把對市郊小園圃的愛和岳父母家那種熱情歡樂的氣氛連結在一起，撇開他外婆不談，那種氣氛是他在自己家裡從不曾體會過的。也因為這樣，他在二十五歲和他太太結婚時改姓了她娘家的姓氏，這種作法在當時還相當罕見。

他形容他太太個性活潑、熱情、果斷。起初她繼續在餐飲業工作，生病之後改在一家小旅館擔任櫃臺人員，但是在大約一年前辭職，因為她想從事社會福利

1　德國的基礎教育是四年，自五年級起就依學生性向分別進入「基礎職業中學」、「實科中學」或「文理中學」就讀，就業年限分別為五年、六年、九年。如自文理中學畢業，即取得進入大學就讀的資格。

方面的工作。「她最後是在醫院擔任志工照顧病患。我想是她自身的經歷讓她想要親自去照顧病患。」葛歐克・塔姆繼續說：「我想像如果她老了以後自己也需要照顧會是什麼情況，如果她連話都沒辦法說了。我想得愈來愈多。當我們坐下來吃飯，我就想像如果她癱瘓了坐在輪椅上吃飯，口水從她嘴角流下來的樣子。我發現自己心裡湧起噁心和厭惡。然後我想像，如果我獨自坐在桌旁吃飯，而她從床上不斷叫喚我的情況。這使我內心更加憤怒。」他愈來愈常苦苦思索要如何從這種處境脫身。

我問他是否不再愛他太太。

「我們的關係的確不再那麼親密，變得比較像是一種習慣，過著我們的例行生活。並不是說我們相處得不好。可是一方面我想要脫身，另一方面我又不想失去一切。情況很複雜。」他說他並沒有認識別的女人，說他在犯下這樁罪行之前的幾個月裡幾乎食不下嚥，也無法好好睡覺，最後就連在工作崗位上也無法專心，他的同事可以證明這一點。他太太也察覺他有點不對勁。「我當然沒告訴她這是怎麼一回事，而想把整件事平息下來。我跟我太太也不再有性生活，不知怎地我忽然覺得噁心。」塔姆試著抹去這話的尖銳。「說噁心也許太過了，比較像是反感。後來我也偶爾去買春，當然沒讓她知道。漸漸地我愈來愈明白我想要自由。」

我問他：「假如離婚的話，在財務上對你來說會是什麼情況？」

葛歐克・塔姆的嘴角扭曲了一下，彷彿得要嚥下一種特別苦的藥。他說如果離婚，他就得要付錢給他太太，或是得把房子賣了，他的經濟情況會變得拮据。這麼說來，難道葛歐克・塔姆是漸漸厭倦了他的婚姻，而針對妻子的健康情況想像出戲劇化的場景，好讓他把殺妻這件事合理化？莫非他就只是對妻子感到厭倦，但仍然覺得岳父母一家人很親切？

我接著問他是什麼維繫著他們的婚姻。葛歐克・塔姆所描述的基本上是種默默無言的例行生活，兩人一起處理日常事務，把拼字遊戲和觀賞影片當成嗜好。無論如何，針對他太太上了年紀以後需要照護的「恐怖場景」聽起來很牽強。我問他：「除了財務上的影響之外，和你太太離婚對你還會有什麼後果？」

「我沒有別的親友。我就只有她的家人和我們共同的朋友。」

在談話中我再次追問，告訴葛歐克．塔姆我仍然不十分理解他何以會有殺妻的念頭。「一般說來，犯下這種罪行對自己人生造成的後果不是比離婚的後果更嚴重嗎？」

塔姆沉默不語。片刻之後他又說了一次：「我已經說過了，我也覺得跟我太太離婚有點卑鄙。」

葛歐克．塔姆從小就堅定地追求自己的目標並且照顧自己的需求。在他外婆死後，在某種程度上他必須自己照顧自己。他是否曾經權衡過個人的風險，心想離婚無論如何都對他不利，而巧妙的殺妻在他想像中卻有可能讓他得以脫身？

葛歐克．塔姆述說他如何從好幾個醫生那兒取得鎮靜劑。「我想用那些藥片自殺。」他用席格弗里德．阿姆雷德這個假名，自稱是自費病人，起初去找在科隆開業的精神科醫師看診，後來也去杜塞爾多夫找。他向這些醫生述說他編造出來的故事，說他在一樁控告一家航空公司的大型訴訟案中是附帶起訴人，因為他太太幾年前在一次墜機事件中喪生。說他由於這整件事和內心的傷痛非常緊張不安，因此在接下來這幾個星期急需要一些鎮靜藥物。

這段話中有兩點引起我的興趣：第一，塔姆在這個編造的故事裡就已經讓他太太死了。妻子的死亡顯然符合一種自然而然的想像。第二，我覺得值得玩味的是他說他覺得從科隆一位醫生那兒取得的藥片太苦，不適合拿來自殺。他把藥片弄碎，但由於味道太差而馬上又吐了出來。我問他為什麼要把藥片弄碎，他說吞嚥藥片對他來說一向很困難。也就是說，對於厭世的葛歐克・塔姆來說這些藥片不合他的口味。還是毋寧說這些藥片太苦了，所以無法大量攪拌在食物中而不至於改變食物的味道？

他告訴我在另外幾位醫生那兒的情況比較順利。他們開了一種藥給他，具有消除恐懼的強效，但也會使人感到疲倦和暈眩，劑量高時會明顯降低反應能力。這種藥物在液體中很容易溶解，包括口中的唾液。去看過幾次醫生之後他就收集到足夠的藥片。按照葛歐克・塔姆自稱在犯案當天攪拌進那鍋西班牙蔬菜湯裡的藥片數量，換算起來約相當於兩百毫克的「煩寧」鎮靜劑。難怪蓋碧・塔姆很快就感到疲倦，也幾乎無法再抵抗。

精神鑑定醫師的任務不在於評估犯行，也不在於思索犯罪動機，而只在於檢查坐在他面前、被指控犯下一樁罪行的被鑑定人在犯案時是否患有某種程度的精神障礙。例如，這個犯罪嫌疑人在犯罪之時是否有思覺失調症或憂鬱症的症狀？是否有智能不足的情況？還是說這個犯罪嫌疑人屬於「人格違常[2]」，亦即具有與正常情況相去甚遠的特定人格特徵，使得他在生活的許多方面一再受挫？

因此，在這個案例中，關鍵性的問題在於葛歐克．塔姆到底有多憂鬱，還有這份憂鬱是否導致他犯下罪行。此外還要檢查他是否有人格違常。由於他讀完了中學，因此就可以排除他有智能不足的情況。

我問起葛歐克．塔姆在遭遇自殺危機時的內心感受。凡是下定決心要離開人間並且採取具體行動的人，在事後都很能夠描述這個陰暗而壓力重大的思想和情感世界。

葛歐克．塔姆卻無法描述。他仍舊聲稱他之所以想要自殺是由於自覺將來會承受不了。然而這份感覺卻並未表達在他的情緒上。我問起葛歐克．塔姆他所經驗到的情緒，問起他在日常生活中的動力，問他能做到哪些事，有哪些日常的例行事務是他無法再完成的。真正經歷過憂鬱階段的人能夠十分生動地詳述他們是如何失去了活力。每天早晨他們都覺得日子就像一座無法攀越的高山，清醒的每一刻都是種折磨，而睡著的每一秒都是解脫。他們能夠描述失去感覺令他們多麼痛苦。憂鬱症患者並不悲傷，相反地，悲傷是憂鬱者會很樂意與人交流的感受。葛歐克・塔姆無法具體描述這種感覺，儘管他的表達能力很好，有能力做出細膩的敘述。

在做精神鑑定時，務必要一併考量到被鑑定人有多少能力來描述所經歷的事，來表達自己的感受和所處的狀態。亦即，假使情況相反，如果被鑑定人無法好好描述一些事物，這並不表示他說的不是真話。我仍然沒有理由相信葛歐克・塔姆真的患有憂鬱症。他其實是感受到壓力，因為他對自己的未來懷著後果嚴重的想像。考慮要離婚、分手或以另一種形式結束婚姻關係當然都會對人造成壓力，除非這個人完全沒有感情。然而，主要是「殺死妻子是否比較好」這個念頭

---

2 編註：雖然我國衛生福利部所使用之官方名詞為「人格障礙症」，但臨床上仍較常以「人格違常」、「人格疾患」或「人格障礙」稱之。

的首次出現打破了禁忌。這種念頭起初會由於打破了到目前為止主宰其人生的道德觀而使當事人苦惱。他會自問：我是怎麼了？我要如何擺脫這個念頭？而如果這個念頭愈來愈強，愈來愈具有吸引力呢？那麼此人就會開始苦思要如何把這個念頭付諸實現。心思渙散和苦苦思索並不等同於憂鬱。

葛歐克．塔姆走進了一條令他進退兩難的死胡同。可是他殺死妻子的真正原因究竟是什麼？

我再次更仔細地追問。起初我又問了一次「多發性硬化症」的患病過程和他太太目前的症狀。她的雙手會麻，但是她本質上沒有改變，沒有小便失禁的問題，也沒有癱瘓的現象。然後我問他對妻子的感覺有什麼樣的發展，也問他當時如何面對診斷結果。

「在你太太身上診斷出這種疾病時，你當時的感受是什麼？」

「那種感受很糟。我們兩個都哭了，我們的整個生活都成了疑問。」

「什麼成了疑問？」

「如果我太太成了殘障，我們要怎麼生活下去。我們兩個都不得不想到我的大姨子。我們知道多發性硬化症意味著什麼。」

「醫生是怎麼向你們說明的？」

「唉，事情發生得那麼快，他們並不會詳細地跟你說明。醫生說用可體松治療會有改善，而這種治療也的確幫了很大的忙。可是我們知道這種病是一陣一陣的，你無法預知病情的發展是否會很嚴重，還是你剛好運氣好。在那段期間我們常常哭。」

「你曾經想過或是跟你太太商量過，想在她病得很重的時候讓她『解脫』嗎？」

葛歐克．塔姆用力搖頭，但卻哭了起來。最後他說，不，他們從來沒談過這個，反倒是他曾經向妻子發誓要照顧她終老。

因此目前也沒有理由認為葛歐克．塔姆之所以殺死妻子是扮演著「死亡天使」的角色，像是在醫院或養老院裡醫護人員殺死病患的聳動案件，或是像家人長年照顧患者的悲慘案例，當親屬已經無力再支撐下去，但卻曾承諾要永遠照顧家人，到最後自覺有義務要不計後果地守住承諾。從檔案以及對葛歐克．塔姆所做的檢查中，能確認的就只是他愈來愈耽溺於想像中，想像他將得和一個年老體衰的女人共度晚年，而他受不了這種想像，至少根據他自己的陳述是如此。他一再敘述他的苦苦思索、睡眠障礙、心煩意亂，但是這些症候的出現，在時間上與他對妻子的日漸厭倦直接相關。不過，如同前面所說，當一個人認真考慮要殺死自己的妻子，他會無法集中精神是很容易理解的。至於身為司法精神鑑定醫師的我所要釐清的問題，答案很簡單：在葛歐克．塔姆身上並沒有在犯案之時可能減輕其責任能力的精神障礙。葛歐克．塔姆頭腦聰明、朝著明確的目標努力、工作勤奮、能夠維繫友誼、在思考形式或內容上並未表現出任何障礙、在動力和衝動控制上都沒有改變，能夠長期維持職場工作，簡而言之：葛歐克．塔姆就和你我一樣。

然而，在此案中，所有參與審判程序的人都不免納悶，為什麼葛歐克．塔姆會在結婚十九年之後就這樣把妻子給殺了。典型的殺人動機一向是貪婪。直到審判時才發現，死者的親屬提到蓋碧．塔姆有一份人壽保險，保險金額雖然不會帶來大筆財富，卻能顯著緩解財務狀況。也許葛歐克．塔姆之所以努力描繪出自己承受不了日後必須照顧病妻的假想情況，是因為他想賦予殺妻行為一個「較為人性化」的動機，以此自欺，也可能是想欺騙公眾。我們人類有一種傾向，會用有時十分牽強的理由將自己的錯誤行為合理化。

葛歐克·塔姆向警方做出了十分詳盡的供詞，但是在我面前卻說他不再記得實際的犯行經過。很顯然，非不得已，葛歐克·塔姆不想再一次詳細報告犯行經過。很難想像他真的記不得，因為犯行的經過十分複雜，花費的時間很長，分為好幾個步驟和階段，包括縝密的計畫準備階段、歷時數分鐘的殺害行動，和相當繁瑣的善後階段，包括試圖毀屍。想像自己記不得殘忍的事物，這種想法比較符合外行人的想像，對精神鑑定醫師而言起不了作用。被鑑定人在接受鑑定時不想針對歸咎於他的犯行本身發表意見，這種情形偶爾會發生，而且被鑑定人也有權利這麼做。這也跟被鑑定人無須進一步加罪於自身有關，因為精神鑑定醫師也是證人，如果被鑑定人做出自白，鑑定醫師就也必須加以報告。

因此，在這個案例中，要撰寫鑑定報告時必須以檔案中那份詳細的供詞做為基礎。如果法庭要從一個完全不同的犯行情況出發，那就必須向鑑定醫師提出相關事實，亦即新的其他情況，能讓鑑定醫師據以做出臨床精神醫學上的評估。以葛歐克．塔姆的情況來說，犯行經過長時間的準備，在策劃時分成小步驟，執行時包含許多細節，因此可以描述為一種經過控制的行為。

在長達幾小時的交談中，葛歐克．塔姆一再流淚並且痛苦地啜泣。他當然早已明白自己鑄下了大錯，主要傷及的人是他太太和他岳父母，但其次損及的則是他自己。他為了他讓自己陷入的處境而哭，尤其是他對殺妻一事做過如此周密的準備。

在我對他做的鑑定檢查中，他所做出的最後一個回答也與這一切判斷相符。我問他會怎麼形容自己，他說：「我不喜歡衝動行事。我是個深思熟慮的人。」

我在鑑定報告中做出明確的結論：葛歐克．塔姆沒有精神疾病或精神障礙，而且在他犯下罪行的那個時間點也沒有。相反地，從精神醫學的角度來看，那些井然有序、本身合乎邏輯、逐步進行準備的行為和過程，以及他不斷在心裡衡量該不該做，在在顯示出塔姆先生控制情緒與行為的能力完全沒有受損，而辨別對錯的能力原本也就完好無傷。以他的人格結構、智力和社會能力，他有各種可能的途徑做出別種行為來處理他的婚姻問題。他沒有在任何方面顯現出由疾病所導致的「能力顯著降低」。就這一點而言，此案從精神醫學的角度來看很容易回答，因此也無須把被鑑定人送進司法精神病院。

各位也許會問，會犯下這種罪行的人是否**一定**是有病。答案是：並非如此。上述這個案例就相當清楚地闡明了這一點。我們必須小心，不要見到一樁嚴重的罪行就馬上猜想那涉及某個「精神不正常」或是「有病」的人。大多數患有嚴重精神疾病的人並不會犯罪，只有特定的精神疾病會提高暴力犯罪的風險，尤其是在酗酒或吸毒的情況下；稍後我會向各位敘述兩樁這類案例。然而，我們絕對不能把精神疾病和危險性相提並論，甚或和犯罪行為相提並論。相反地，精神疾病患者必須面對內心感受及情感平衡的改變、專注能力及注意力的減損、還有動力及動機強度的改變；思考方式和控制衝動的能力可能會受到程度不一的損害。患有精神障礙的人有權得到協助，也有權獲得專業治療。此一治療的任務也包括辨識疾病可能隱含的危險性，並且認真看待。對於那些由於精神疾病或嚴重精神障礙而犯下罪行的人，司法精神病院就執行了這項任務。但是，聲稱精神健康的人有病卻不是精神鑑定醫師的任務。這樣做等於是危險地濫用了精神醫學、危及法治國家。

司法精神鑑定醫師的任務也在於在不受罪行嚴重程度的影響下做出診斷。亦即，精神鑑定醫師必須能夠描述一個人在犯下一樁重罪時，他的「控制能力」或「識別能力」（在比較少見的情況下）由於哪種精神疾病、以何種方式遭到減損，即使這樁罪行引起了民眾的憤怒乃至仇視，即使就連略微暗示犯罪行為人的責任能力受限都會激怒大眾，而這份怒氣會發洩在精神鑑定醫師身上。這種情形尤其會發生在鑑定醫師證明那些對兒童施加嚴重暴力的犯罪者患有精神障礙時。凡是患有嚴重精神疾病或是人格發展徹底偏差的人都有權接受治療，也需要接受醫治，否則就無法降低隨著精神障礙而來的危險性。如果司法精神病院無法藉由專業的治療來降低一個人的危險性，那麼司法精神病院就會替此人準備一個戒備森嚴的生活空間，有助於保護民眾免於遭受嚴重罪行的侵害。因此，司法精神鑑定醫師在做出鑑定時要始終本著知識與良知，不把公眾的期望納入考量。但是精神疾病不能成為一面可任意使用的免死金牌，用來解釋局外人無法理解的犯罪行為。這永遠要視個別的案例而定。

塔姆一案由於處理屍體的方式相當駭人而深植在我記憶中，因此我向各位敘述了這個案例。但我之所以敘述此案也是因為它印證了我的信念，亦即我們每個人基本上都有犯下殺人罪的可能，只不過每個人的處境和必須跨越的門檻有所不同。葛歐克．塔姆舉止得體，彬彬有禮，談吐文雅，不是個粗魯的人。儘管如此，他的行動有計畫、冷靜、果決，以擔心自己無法照顧妻子老後可能會有的身體殘障為由，來將他的殺妻行為合理化。

葛歐克．塔姆後來由於謀殺罪而被判處終身監禁。

名錶愛好者

貝爾妲．屈克曼拚命吸氣，同時睜開了眼睛。看見她女兒那張熟悉的臉龐令她鬆了一口氣，女兒正擔心地撫摸她的臉頰。

「那個傢伙呢？」她用沙啞的聲音喊道，「我被搶了！那一千馬克不見了！」

「媽，妳先冷靜下來，」女兒安撫她，「沒事的。」

「什麼叫沒事，去報警！」

「媽，我不是在妳身邊嗎？這裡沒有別人。」她女兒回答，「我來打個電話給惠斯曼醫生，讓他來看看妳。」

「我沒有不舒服，」貝爾妲．屈克曼生氣地說，「去報警！那個齊騰……，那個我以前請過的看護……那個齊騰巴赫來過這裡，偷走了我那一千馬克。然後他還想殺了我。」她伸出顫抖的手臂指向客廳的寫字檯，「去檢查一下，妳就會知道錢不在那兒了。」

她女兒不相信地走向寫字檯，心裡有十足的把握，認為母親為了萬一臨時有急用而放在那兒的錢肯定還在，沒有人碰過。可是錢不見了。這下子她明白事態嚴重，打電話報了警。

貝爾妲·屈克曼是一位八十七歲的老太太，生活優渥，獨自居住，她女兒每週都會來探望她好幾次，一如在這一天。當警察抵達貝爾妲·屈克曼的家，她告訴警方這天早上貝恩德·齊騰巴赫意外來訪，她的語氣雖然憤怒，但是敘述得中肯而清楚。齊騰巴赫是一間居家照護機構的工作人員，將近一年前，她在一次大腿骨折之後曾經使用過該機構的服務。她盡可能縮短使用齊騰巴赫服務的時間，告訴該居家照護機構的主管，說她對於照護服務雖然感到滿意，卻不滿意這名職員那種自負而強勢的態度。

而齊騰巴赫今天來按她家門鈴，在門口說他想跟她談一談，要請她捐款成立一個基金會來協助需要居家照護的人。貝爾妲·屈克曼不喜歡齊騰巴赫，可是這似乎事關一件有意義的善舉，所以她讓他進門，心想聽他說說也無妨。

「我坐在我的單人高背沙發上，請他坐我對面的沙發。起初他也坐下了，問我過得好不好，是不是還能夠獨自料理生活。然後他忽然站起來，朝我走過來，站在我的沙發後面，以致於我根本看不見他了。我試圖朝他轉過身去，這時他忽然說：『錢放在哪裡？我需要錢。馬上就要！』」

貝爾妲．屈克曼深深吸了一口氣，淚水湧進她眼睛。「那像是個命令！我……我完全嚇呆了，真的對他感到害怕。他從後面抓住我的臉和脖子，我害怕他會傷害我，畢竟家裡就只有我一個人。」為了避免這個不速之客使用暴力，貝爾妲．屈克曼跟他說他可以從寫字檯中間小抽屜裡的祕密夾層拿走她為不時之需所準備的一千馬克，然後離開。齊騰巴赫鬆開了她，走到寫字檯那兒去拿錢，可是接著又朝她走過來，再次站在她的高背沙發後面，緊緊摀住她的口鼻，使她無法呼吸。她自覺活不了幾秒了，隨即失去意識。她也記得一些細節，例如齊騰巴赫在她面前戴上了毛線手套，再從她背後用戴著手套的手勒住她。

要找到齊騰巴赫對警方來說毫無困難，因為他有依照規定在戶政機關登記住址，並且仍在那間照護機構工作。刑警在他家裡找到他，針對此一犯行指控質問他。他們走進的是一間乾淨的小公寓，陳設很簡單，看來只有生活中必要的東西。針對這番駭人的指控，齊騰巴赫的反應出奇冷靜而且務實。他穿上外套，跟著警察走。警察把他帶到警局問話，而他們所聽到的回應大大不同於他們原本的預期。

根據檔案資料，齊騰巴赫表明他放棄事先跟律師商談的權利，直接證實他襲擊了貝爾妲．屈克曼。他的敘述與那位老太太的陳述完全相符：他去她家按門鈴，編造了居家照護基金會的故事以獲准進門。他說他也料到貝爾妲．屈克曼會讓他進去，因為他並不是陌生人。他直截了當地承認他猜想這個老太太家裡有錢，也去找過，說她「給了他」寫字檯裡那一千馬克，這是他的說法。他說他就「收下」了那筆錢。他也證實了貝爾妲．屈克曼的觀察無誤，說他戴上毛線手套，走到她背後，緊緊摀住她的口鼻。他說作案動機是缺錢。接著齊騰巴赫請求警察讓他喝杯咖啡、抽根菸，在短暫休息之後，他說：「我還要告訴你們一件事，你們大概根本還不知道。貝爾妲．屈克曼不是唯一一個。你們可以去查。威廉．許密德肯斯、魯德威希．布拉斯曼和古斯塔夫．史托特邁爾已經死了，他們全都在過去這五個月裡死亡、下葬。這是我在報上的訃聞讀到的。他們全都是我的被害人，都是年齡在八十五歲到九十二歲之間的老年人。」

這怎麼可能？怎麼可能有人殺死了三名高齡長者卻沒有引起注意和調查？還是說齊騰巴赫在對屈克曼太太犯下的嚴重罪行之外又編造出三名死者？難道這是

一種想出風頭的特殊方式？

齊騰巴赫向那幾名吃驚的警察仔細敘述他如何去那三位獨居長者的家裡，殺死他們並且拿了錢離開。其中兩人還是接受居家照護的顧客，所以他不必編故事也很容易進門。至於已經改用另一家照護服務機構的布拉斯曼，他就編造了一個故事，和他告訴屈克曼太太的故事相同。

「許密德肯斯是我的第一個被害人。我一向在早上和晚上去照顧他。早晨我協助他起床，幫忙他梳洗穿衣，也替他把早餐的麵包切成小塊，晚上我再協助他準備就寢。在大約五個月前我又去到他家，我想那是個星期五，晚上我協助他準備好就寢，所以當時我們已經在臥室裡。他坐在床緣，而我決定猛然推他一把，讓他仰躺著倒在床上。然後我拿起他的枕頭，壓在他臉上大約五、六分鐘。我觀察他是否還有生命跡象，可是當我鬆開手，他已經死了。我摸不到脈搏，摸過他的腕關節、腳關節和頸部，檢查了他的瞳孔，用我一向放在罩衫口袋裡的手電筒照進他的瞳孔。他的瞳孔已經放大，對光線不起反應。於是我知道他死了。接著我搜遍他的住處，拿走我找到的錢，另外我還找到一支金製懷錶，樣式也許有點舊，但是我喜歡它，就也一起拿走了。」接著他敘述他如何將被害人在床上盡可能擺成自然的睡眠姿勢，他打的如意算盤是別人會以為這位老人家是自然死亡，而事情果真如他所料。第二天早晨，當照護機構的另一名工作人員到許密德肯斯家裡來，發現他已經斷氣，被請來開立死亡證明的醫生證實他乃自然死亡。因此這樁殺人罪行起初根本沒有引起注意，而許密德肯斯就此下葬。齊騰巴赫敘述的另外兩樁殺人罪行也很類似，只不過在對另外兩人動手時，他已經戴上了毛線手套，好讓他能不留痕跡地悶死被害人。他也讓他們以睡眠的姿勢躺在床上，而在他們身上他的計畫也成功了：看似高齡長者在睡夢中安詳去世的表象不會引起進一步的調查。

警察想多了解一下犯案的動機。

「我的收入不夠用，」齊騰巴赫坦率地說，「我一直想要過更好的生活，想要享受人生，就像俗話說的大手大腳過日子。我尤其喜歡手錶，而我心想那是個弄到錢的機會，又不至於引人注意，也不會有人發現錢不見了。」

如今得把一共三具屍體挖出來重新驗屍，幸好這些屍體都是在幾個月前才下葬的。而在這三具屍體上都發現了遭人摀住呼吸道開口而窒息的明顯跡象，與齊騰巴赫的敘述完全相符。

此外還必須沒收齊騰巴赫所購得的那些手錶，而警方找到了好幾支價值數千馬克的男士精鋼手錶。

可是，齊騰巴赫怎麼會在這麼長的時間裡都沒有引起別人注意？他的第四個被害人僥倖活了下來並且能明確說出他的姓名，這純屬偶然。否則他還會殺死多少老人家？或者說出於他的財務算計，還「必須」殺死多少老人家，以滿足他對於自己物質生活的想像？會有人只因為想要買錶而去殺人嗎？我腦中閃過一句也許並不貼切的俗話：「常汲水的瓦罐遲早會打破。」。無論如何我會問他對這整樁連續殺人事件是怎麼想的。

我開車前往監獄，在門房處遞出我的身分證件，出示了檢方的委託書，說明我已登記要來替齊騰巴赫進行精神鑑定，然後獲准進入監獄。我先在會晤室裡等了一會兒，利用這段時間再瀏覽一下我替此案所做的筆記，並且替接下來要進行的檢查寫下關鍵字，然後齊騰巴赫就由一名獄警帶進會晤室。門關上了，但沒有鎖。

我向齊騰巴赫先生作了自我介紹，請他坐在我對面，按照慣例向他說明將要問的問題以及鑑定醫師的義務，並且確定他願意接受檢查。此外，我詳細地告訴他，身為精神鑑定醫師，我的任務只在於檢查他是否患有精神疾病或精神障礙，有可能在他犯案之時降低他的責任能力，也告訴他我本身不會進行偵查工作。

「這番談話對你來說完全是可以自願選擇是否參與的，你可以隨時結束或中斷談話，我提出的問題你也可以不回答。這在司法上不會對你有任何不利。但是你不能向我透露需要我保密的事，因為身為鑑定醫師我必須對司法部門坦白，不像一般醫生有替病人保密的義務。」

齊騰巴赫表示願意進行這番談話，接下來似乎也很樂意回答關於自己的事。於是這第一次晤談進行了六小時，中間短暫休息過兩次，讓齊騰巴赫去抽菸。第二次見面時，我再和他仔細討論過之前談話的內容，並且補充了一、兩點。我和他談話的時間一共將近九小時。

齊騰巴赫身材高大，用人工日光浴把皮膚曬成了褐色，體重略微過重，但還稱不上肥胖。他那件薄荷綠襯衫在肚子上方繃得緊緊的，褲腰在皮帶扣環上方微微向外凸出。以男士皮帶來說，那條皮帶相當時髦，扣環很大，有品牌商標的圖案。他把一件紅色毛衣的袖子隨意披在肩上打了個結，從外表上來看，要說他此刻是在一間旅館裡正要往露臺上走也可以。他的鞋子擦得很亮，手腕上戴著一支彩色的Swatch，不是警方在他住處沒收的那幾款手錶，一頭黑髮剪得很整齊。整體說來，在幾秒鐘之內，他給人的印象是他很在乎外表的時髦與講究，以表現出他個人的品味。他在椅子上盡可能坐得很挺，上半身微微向後靠，擺出一副相當自信而放鬆的姿勢。

「我會告訴妳事情的經過。」他說，露出友善殷勤的微笑，「我知道自己會被判處無期徒刑。我的律師已經告訴過我了。」

我請他談談他的童年，他也樂意照辦。

「我是一九六五年在埃森出生的，母親是海爾佳．齊騰巴赫，父親是泰歐．齊騰巴赫。我母親今年六十五歲，父親六十七歲。我父親退休前是郵差，母親以前是家庭主婦，不過後來她在養老院擔任志工，照顧那些老太太，讀點東西給她們聽，和她們一起唱唱歌。我還有一個哥哥名叫史提方，他比我大一歲，是公車司機。」貝恩德．齊騰巴赫這樣說起他的生平。他在一間租來的三房公寓裡成長，那個城區的房租不像埃森市南區的房租那麼貴。他和哥哥共用一個房間，直到哥哥去服兵役而搬出家裡。「我和我哥一向很合得來，和我爸媽也一樣。」然後他又補了一句：「雖然他們只是很普通的人。」他的語氣聽起來帶點不屑，彷彿他「居然」和他父母那種「普通人」合得來是件令人驚訝的事。

「你所謂的『普通人』是什麼意思？」我問。

「喔，就是很小家子氣……老是在節省，不停要替將來打算，不用奢侈品，總是很樸素。我爸媽總是帶著敬畏地仰望那些受過高等教育的人，像是醫生、律師。他們自己在人生中從來沒有更上一層樓的目標。我想要的一向比他們更多。」

齊騰巴赫描述了一段平凡無奇的童年，他在單純、儉樸、規矩的環境中長大。他描述他在該去上幼稚園的年紀上了幼稚園，在六歲時進入小學就讀，後來轉到實科中學，十六歲時畢業。他說他從小在朋友圈裡就喜歡發號施令，在學校裡，大家覺得他自以為無所不知，那些對他持批評態度的同學認為他裝腔作勢。

「以前就一直有人跟我說我比其他人優秀。而我也是個具有領袖特質的人，這話沒有說錯。」

「是指別人說你比較優秀，還是說你自己這樣認為？」我想弄清楚這一點。

齊騰巴赫考慮了一會兒。

「嗯，一直都有人跟我說我有那種力爭上游的基因。」

在更進一步的詢問下我得知，由於齊騰巴赫講話的口氣，同齡的孩子寧可避開他，因此他在課餘時間往往是形單影隻，雖然他未必喜歡這樣。我問他還是兒童和青少年時對此有何感受。

「我一向喜歡自己忙自己的。也許我就只是比許多同學更成熟，我一向知道自己想要什麼。」

「那你想要的是什麼呢？」

「我想要幫助其他人，想要當個有用的人，但我也想要居於領導地位。也就是說，我不想一輩子都只待在基層。我從母親那裡知道，照顧老人家給了她很大的滿足，所以我想成為護理師。要讀醫學我不夠用功，而且只有實科中學畢業也不能去讀醫學，但是成為護理師一向是我的願望，然後有朝一日成為教學醫院的護理部門主管。」而齊騰巴赫果然中學一畢業就馬上接受了護理職業訓練，十九歲就完成了職訓，然後才去服兵役。服兵役期間，在受過基本訓練之後，他就在軍醫院裡服務。我從檔案資料中得知，齊騰巴赫在接受職業訓練以及服兵役期間就曾經和同事、同袍及上司起過衝突，因為他相當強勢，舉止不總是與他的教育程度和職位相稱。我問起這件事，而齊騰巴赫說起由於他的能力，當他還在受訓期間就常有已經結訓的護理師來請教他。

「要知道，我真的很用功，讀了很多書，不單是我們本來就得仔細研讀的書籍，也讀了醫學系學生要讀的書，尤其是外科醫學和內科醫學。在這方面我知道的很多。」他說他在工作團隊裡也總是盡力爭取「安排值勤班表要公平」，因此偶爾會和護理站的主管起爭執。「有一次我和一個助理醫師真正起了衝突，因為他捨不得多開止痛藥給剛動過手術的病人。那惹出了麻煩。」

「對誰來說？」我追問。

「對我來說。他們威脅要把我解雇，但是後來我克制住自己，因為我不想妨礙我的受訓。如今每個人都知道疼痛治療對於療癒的過程有多麼重要。那時候我就說過了！」

根據齊騰巴赫對他自己以及受訓期間行為的描述，在他結訓後，那間醫院並沒有雇用他也就不令人意外。不過結訓之後他也得先去服兵役。在軍中齊騰巴赫很快就學會了那種果斷的語氣，並且欣賞軍中層級分明的組織，他能夠夢想自己位在組織的頂端。在服役時齊騰巴赫也曾和上級爭執，不過那時他比較配合。服完兵役之後，他在波洪找到一份護理師的工作。他搬出家裡，搬進位於埃森和蓋爾森基興交界處的一間小公寓。身為有證照的護理師，當時他每個月可以賺到大約兩千馬克，在一般外科的男性病房工作。那間十分樸素的公寓每月租金含暖氣費在內只要三百三十馬克，另外他每個月還有幾筆固定的保險費支出，再加上他買了第一部車的開銷，扣掉這些支出，他每個月還是有大約一千四百馬克可以自由支配。到了月底他通常就把錢花完了，因此有時不得不向父母借點錢。他主要把錢花在服飾和人工日光浴上，還有去那些號稱是城裡高級聚會場所的狄斯可舞廳和雞尾酒吧。他享受護理站同事欣羨的目光，因為他顯然能夠符合那些場所的守門人放行的標準。

「他們就只是納悶我怎麼能夠負擔得起。可是我既沒有小孩，也沒有存錢買房子這類支出，所以就還負擔得起。」在不必值班的週末，他會從城市的北邊搭計程車到南區那些時髦的聚會場所去，因為他絕對不想酒後開車。他說：「我在外科部門看多了車禍受傷的人，我可不想酒駕肇事。」言下之意對酒後開車的人很不以為然。在像埃森這樣佔地遼闊的城市裡，以這種方式搭計程車，車資累積起來肯定相當可觀。

「妳不也是醫生嗎？那麼妳在接受訓練期間一定也見過。」他說，藉由指出我們可能都有的經驗背景，他一方面試圖和我建立起親近的溝通關係，另一方面也想藉此表明我們是兩個在專業上平起平坐的人。

我帶著友善的嘲諷回答他，說我之所以選擇司法精神醫學是因為在這一行比較少碰見車禍受害人。「喝酒不開車」這種態度當然百分之百正確，可是他這種有責任感的自我要求和他被指控犯下的罪行是多麼矛盾。畢竟齊騰巴赫供認由於貪財而殺死了三名長者，而掘出屍體檢驗的結果也證實了他主動揭露的罪行。

「跟妳說，我從青少年時期開始就喜歡手錶。」他突然說。在其後的談話中可以聽得出來，他覺得在他的生活中明顯有享用奢侈品的餘裕。他父母親在他們兄弟出生時分別替他們買了人壽保險這件事就正中他下懷，齊騰巴赫因此在二十五歲時拿到了兩萬五千馬克。「那真的是一筆大錢。」他說。他用這筆錢買下生平第一支有深紅色錶圈的高級手錶，花了大約三千馬克，再買了一套米色西裝、一件白色西裝外套和一雙繫帶雙色男士皮鞋，亮米色亞麻布面配上深米色皮革，這套行頭總共花掉他一千三百多馬克。幾天之後，他穿上這套西裝，配上那雙相稱的鞋子，戴上他的手錶，前往一家賣ＢＭＷ汽車的經銷商。他挑了一輛配備齊全、狀況良好的中型二手車，是帶有金屬色澤的深綠色，付了一萬五千馬克的頭期款，其餘的部分就貸款支付。

「我爸媽氣壞了。」

為什麼呢？我問，想要更加了解養育他成人的父母的價值觀。

「他們一向都是節儉、樸素的人。他們也認為每個人在生活中都各有自己的地位，必須要知足。因為我從一開始就說過我想要追求更高的地位，他們一直都抱持著懷疑的態度。他們看不慣我在外表上也要與眾不同。我爸說：『我們存錢存了二十五年，而你把錢都揮霍掉了。』起初我很氣他這樣掃我的興，可是接著我心想，我的事我自己決定，就這樣，沒什麼好說的！畢竟也得考慮到我爸媽還是經歷過戰爭的那一代，他們的人生經驗不同。」齊騰巴赫如今需要更多錢，他決定除了護理師的工作之外也在肯姆納德湖畔一間遊客餐廳擔任兼職服務生。「我心想，這樣能夠拿到小費，可以賺得更多。但我不想在那些我平常會去光顧的場所工作，在那些地方我是另一個人。於是我在波洪市找了這樣一份工作。」這樣一來他每個月一共可以賺到大約兩千五百馬克，而有許多年的時間，他必須把賺來的外快拿去付汽車貸款。直到那時，齊騰巴赫對於交女朋友都沒有太大的興趣，只偶爾有個一夜情。

「我寧可暫時保持單身。」

二十九歲時他在常去的狄斯可舞廳認識了柯內莉雅．歐薇貝格，她十九歲，是一家時尚服飾店的售貨小姐，和他一樣喜歡名牌和時尚商品，她以為這個比她年長的男友是個職場上的成功人士。他開始和她交往，但總是在她的住處和她碰面，從不曾邀她回家。整體說來，她對他幾乎一無所知。「在妳家是這麼舒適，比起我那個單身漢住的小房間好多了。」因此也沒人發現齊騰巴赫仍繼續住在一個陳設簡陋的住處，除了一張床、一小排廚具、一張桌子、一把椅子和一組有輪子的立式吊衣架之外幾乎什麼也沒有，吊衣架是他在一家商店結束營業時便宜買到的。警方去他家搜索時找到了兩支高級精鋼男士運動錶，一支刻著W.S.縮寫字母的金製懷錶、兩支彩色的Swatch、一套小型音響、包括抒情搖滾和七零年代老歌的音樂CD、還有一整疊關於手錶和帆船遊艇的時尚雜誌。

擁有那輛BMW、相當多樣化的服裝和那支引人注目的運動型手錶，他得以在女友面前自稱是醫院裡一個大部門的護理主管。兩年之後，齊騰巴赫由於擅自更改了醫師開立的藥物並且被人發現而和雇主發生激烈爭吵，他被當場解雇。

「事過境遷之後，我會說我那樣做很蠢。」他說。當我針對這件事問起他的責任感，他表面上承認自己越權的錯誤，但卻認為就事情本身而言他是對的。不過他運氣很好，因為在很短的時間內他就在一間居家照護機構找到了工作，該機構替需求程度不一的老年人提供居家照護。這甚至還提高了齊騰巴赫的收入，因此他不必再去兼差當服務生，賺的錢也沒有減少。由於這時候汽車貸款已經還清了，他又有更多錢來買他喜愛的手錶，而他想花更多精神在這上面。「另外我也想更寵我女朋友一點。我跟柯內莉雅說我自行創業了，現在擁有自己的護理事業，說我現在是老闆了……」他騙她說他每個月賺一萬兩千馬克，因此他有時送她一件洋裝，有時送她一個皮包或一雙鞋子，並且經常帶她去高檔餐廳用餐。「反正那筆保險金還剩下一些。我在她面前假裝我現在真的賺很多錢，然後邀請她去蔚藍海岸度假，去了尼斯、坎城、摩納哥……所以錢很快就花完了，而且甚至還欠了債。所以我當然得弄到更多的錢。」齊騰巴赫先生直視著我，彷彿想問我是否明白其間的關聯。「但我也不想降低生活水準，後來我就有了這個主意，想說我不是在照顧這些年紀很大的老人嗎？以他們的年紀，他們也可能就這樣死掉。對九十歲的人來說這也不會令人感到意外。於是我思索著在我的病人當中有誰看起來是有錢人。」彷彿想要進一步說明他這個想法的邏輯，他又補充道：「老人家常常會把現金放在家裡，而不信任銀行。當然也有些老人家是靠養老金過活的窮人，這些人我就不抱指望了！」說到這裡他的語氣變得輕蔑中帶著包容。「我把這些人排除在外。」他停頓了一會兒，然後說：「我也徹底迷上了一支勞力士潛艇錶。」接著逐一說起那家公司出品的各款手錶，有點離了題，陶醉地談起他渴望擁有的那款手錶。彷彿要再度測試我能否與他平起平坐，他說：「我不知道妳是否明白我在說什麼。」我發現齊騰巴赫的虛榮心特別強，這種人往往會提出這種確認性質的問題，藉此想向對方表明不是每個人都具有和他們一樣的水準，而如果對方反正聽不懂，他們就也不想白費唇舌。同時他們也希望藉此展現出優越感。也就是說，溝通的意願擺盪在表現出優越感和與內行人建立起親近關係之間。除此之外，他的一切敘述都清楚、冷靜、中肯，沒有明顯流露出情緒，同時在接觸中始終帶有從事服務業的人那種職業性的友善殷勤。齊騰巴赫所做的敘述在某種程度上談的是他如何高明地謀殺高齡長者以資助他的生活方式。有時他會在那張不甚舒適的椅子上調整坐姿，始終維持著一種更像是受過訓練的詢問處人員的姿勢。

「如果你已經下定決心要弄到錢，即使是使用非法的手段，而你需要的錢其實還要更多，那麼你為什麼沒有——嗯，舉例來說——去搶銀行呢？」我感興趣的是他的道德觀。大家都知道「人為財死」，可是他的考量是什麼？他內心是怎麼衡量的，導致他最後決定去殺人？我問他這個問題並不是想要勸他說搶銀行在道德上會是比較優越的作法。不過，有時從未犯過罪的人也會犯下搶銀行這種罪行，他們乃是由於種種情況和錯誤而陷入財務窘境，讓他們覺得走投無路。是否有什麼外在壓力影響了他的所作所為？在犯下那一連串罪行之前他是否有過精神不穩定的時期？是否曾經精神崩潰？還是說那是犯罪上合乎邏輯的考量，畢竟也有幾次讓他達到了目的？「喔，我不相信自己有能力去搶銀行。那裡到處都是監視器，而且都有高度保全。不，要搶銀行我也得要有武器，而我並沒有武器……再說那會是在公共場所作案。在那些老人家裡就只有我和他們。我列了一張表，考慮過該如何進行。我只想讓那些人失去意識，拿了他們的錢就走。」

我向他指出，剛剛他自己才說過年紀大的人很容易就可能過世。

「對，這的確也可能發生。但那不是我的本意。」這會兒齊騰巴赫試圖向我解釋，說他本來只想讓他的被害人失去意識，而那三樁死亡事件在某種程度上乃是不幸的意外。

評估這個說法是法庭的任務，但是以我身為鑑定醫師的觀點，這很難令人相信，更別說是三次了。

「我買了毛線手套，以免留下痕跡，並且可以摀住那些老人的口鼻。」

「可是你身為護理師，肯定知道單是摀住一個老人家的口鼻就有風險，可能導致他……」我沒有說下去。

「喔，不，這一點我並沒有那麼確定。」

「可是你剛剛才說過，你自認完全有能力更改病患的藥物。現在你說你不確定，這怎麼會符合你的職業經驗呢？我還是不完全了解你的意思。」

「這樣說也沒錯。」齊騰巴赫在椅子上稍微挪動了一下。「有可能我也許想過對方會死，但那不是我在每一件案子上的本意。」他深深吸了一口氣，流露出一絲不耐，彷彿我這樣問是在吹毛求疵。

我提出質疑：「既然那些人認識你，也知道你的名字，那麼如果他們還活著的話，就能夠描述作案的人是你。」接著又說：「這就是在第四個被害人身上的情況。此外，你讓被害人以一種盡量自然的姿勢躺著，使得別人起初根本不會發現他們是在遭受暴力的情況下死亡。」

「可是我考慮過，如果他們醒來，別人會以為他們腦筋不清楚了。老年人常常會覺得有人偷他們的東西。誰會相信他們呢？」接著他又說：「再說……妳知道，年紀那麼大的人已經享受過一切，不再需要什麼。我絕對不會在提款機前面搶走一個年輕母親的錢，因為她需要那些錢來養家和照顧小孩。可是那些老人家很節省，生活很樸素，不再買什麼新的東西，每個月都領到養老金，存了錢也不會花……」

「你認為這些錢應該歸你所有嗎？」

「什麼叫做應該歸我所有？不，當然不是，可是我就是拿了。」

齊騰巴赫無疑令人印象深刻，由於他作案計畫的陰險，同時像做生意一樣完全就事論事，但在直接的交談接觸中並未表現出精神醫學上所謂的麻木不仁。他徹底考慮過他的作案計畫，而且事實上他的盤算幾乎成功了。直到第四個受害人屈克曼太太出乎他意料地沒有死亡，而只是暫時失去意識，在清醒過來之後能夠清楚地敘述齊騰巴赫曾經來過並且粗暴地強索金錢。而她女兒起初果真以為她頭腦不清楚而不願相信她所說的話，一如齊騰巴赫的預料。

後來在開庭審判時，那位果敢的老太太以證人的身分說：「在那一刻我看見了死亡。我深信他想要殺了我。」以一位仍舊硬朗的老太太略微沙啞的嗓音，她冷靜而清楚的分析在大審判廳專注而震驚的靜默中迴盪。

「那麼你一共搶到了多少錢呢？」我問他。齊騰巴赫在腦中做起心算：「在許密德肯斯那兒是……四百五，在布拉斯曼的錢包裡有兩百，然後——噢，那是很多錢——在他臥室裡有將近八千，在史托特邁爾那兒幾乎沒拿到什麼錢，我想是一百馬克吧，然後在屈克曼那兒是一千。」他計算著，「一共是九千七百到九千八百馬克，另外在許密德肯斯那兒我還拿了那支金錶。」齊騰巴赫用這筆錢買下那支潛艇錶，花了大約七千馬克，用剩下的錢預付了另一款手錶的訂金，另外還訂購了同一個品牌的一款男士金錶。

「那支金錶價值多少？」

「大約兩萬馬克。不過我是那家錶店的老主顧，講好了我可以分期付款，每個月付一千六百馬克。」

「那你打算怎麼湊到接下來每期要付的金額？」

齊騰巴赫沉默不語，揚起了眉毛，直視著我，嘆了一口氣。「妳知道，基本上我知道這件事總有一天會引起別人的注意。可是我也還是希望有朝一日我有了足夠的錢，就可以罷手了。」說著淚水湧進他眼眶。過了一會兒，我問他為什麼落淚。

「現在我該怎麼辦？我的人生已經毀了。」

身為司法精神鑑定醫師，碰到這種案例我能說什麼呢？齊騰巴赫很顯然沒有精神疾病，智力功能也沒有受損。根據他針對自身想法與行為所說的話，他是個虛榮心很強的人。還在青少年時期齊騰巴赫就展現出一種虛榮心和支配慾，反而使他受到同齡孩子的排斥。從小他就感到他生長的那種小康環境對他來說並不夠，顯然瞧不起撫養他長大的父母。同時，在他願意努力掙取的物質生活與社會成就，和快速滿足物質願望的享樂原則之間，存在著明顯的不對稱。齊騰巴赫沒有前科，但是他狂妄自負，這一點從一個例子中就能看出來，當他還在受訓期間就大幅干預醫院的用藥，差點讓他丟了受訓職位。最後他因為擅自更動醫師開立的藥物而丟了工作。他對職業生涯懷有自大的幻想，例如成為教學醫院的護理部門主管，卻缺少必須具備的專業資格和人格特質。他把領導地位和強勢作風混為一談。他的人際關係很薄弱，這一點和他表面上殷勤自信的舉止看似有所矛盾。其實齊騰巴赫和任何人都沒有情感關係，就連他和那個年輕女子的感情也純屬表面，事實上並沒有什麼人性上的東西使他們相繫。後來在開庭審判時，針對他這個人她也說不出什麼來。他們的關係由休閒活動構成，以一起享樂為目的。由於她年輕貌美，在某種程度上對他來說是個相稱的配飾，而他則符合她對於成功與財富的青少年式想像。對於他的被害人他完全沒有同理心，對他們沒有一絲同情或尊重。老人家容易受騙，由於他們認得他的臉孔而先給了他信賴，這些都是他作案計畫的一部分。在整番談話中，他們對他來說就只是有錢的人，在他眼中他們已經活得夠老了，現在大可以把錢交給他。

我向法庭說明了一種「自戀型人格違常」的特徵，這種人格違常最能夠「解釋」何以有人會犯下這種罪行。一如每一種針對人格違常所做的診斷，在這個案例中，思考模式、內心感受、行為以及人際關係的形成也都可以一直追溯到少年時期，並且因此在社交、職業或生活的其他領域造成不良影響。顯著的自戀表現於自以為了不起、自以為重要，力求別人認可自己的優越，卻未必建立在令人信服的合理基礎上。這種人對於自己的出色、偉大、名氣、成就或外貌充滿了幻想。在人際關係中他們是剝削者，主要係從成本效益的角度來看人際接觸。其特徵是缺少同理心，並且傾向於舉止傲慢。在許多人身上都看得出有一點自戀，因此在這裡要先請各位讀者不要緊張。自戀性格如果以健康的形式表現出來，能夠讓人擁有健康而正面的自信，讓人願意有所成就並且堅定地追求目標，也能讓人承擔起責任並且成功地塑造自己的人生。人生中一切事物的好壞一向都取決於劑量的多寡。另一方面，顯著的自戀則會導致肆無忌憚的自我中心和過度的自我表現，在這個案例中成為連續殺人罪行的溫床。

各位會問，為什麼會有人變成這個樣子呢？我們的人格發展一向是遺傳、環境、教育和早期親情聯結經驗的混合產物。在齊騰巴赫的父母家實在看不出有何異常之處。關於自戀型人格違常的形成有許多理論，根據其中一種理論，顯著的自戀有可能源自「首要關係人」關心不夠，或是由於父母親不自覺地並非疼愛孩子本身，而是用孩子來顯耀自己。一九七八年，心理學家愛麗絲．米勒（Alice Miller）在她的名著《幸福童年的秘密》（*Das Drama des begabten Kindes*）中就描述過這種機制。另外一種行為理論的模型則認為是父母過度寵溺孩子，雖然孩子只表現出極少的努力意願，卻給予不合比例的獎賞和誇讚。孩子因此發展出一種病態的要求態度，遠遠超出現實生活的分寸。

基本上，這種表現於外的自視過高，其根源乃是深度缺乏安全感。自戀者的內心深受焦慮和自我觀感的折磨，認為自己其實一無是處，其實比不上別人，其實不夠漂亮、不夠聰明、不夠成功。一切努力的目標都在於擺脫這種自我價值的搖擺不定，保護自己免於受到不穩定的自我價值所造成的傷害。因此自戀的人也往往依賴外界的讚賞。《白雪公主》裡的繼母問道：「鏡子啊鏡子，誰是世界上最美麗的女人？」《格林童話》的這個故事說到了重點，沒法表達得更好了。

貝恩德．齊騰巴赫是否在某種程度上有病態的過度自戀？我們可以說他是過度自戀，但是在我們的法律制度中，人格違常必須造成程度特別嚴重的社會能力受損，才可能導致責任能力降低。齊騰巴赫有能力在許多方面過著表面上規律的生活，一如千千萬萬的平凡人。但他卻由於渴望受到欽羨而決定同時過著另一種假象生活。渴望受到欽羨可以解釋很多行為，從科學研究造假到犯罪，然而渴望欽羨是一種尖銳的人格特質，而非精神疾病。有好幾年的時間齊騰巴赫藉由兼差打工賺取額外的收入，他本來也可以繼續選擇用合法的方式來賺錢。那樣他也能夠去買手錶，就算也許買不了金錶，或是不能一次買下那麼多錶。並沒有一種精神障礙能夠解釋齊騰巴赫在那些犯罪情境中無法做出別種行為。

貝恩德．齊騰巴赫由於三件謀殺罪和一件殺人未遂被判處無期徒刑。法庭也判定他所犯罪行的情節特別嚴重。

在這個案例中清楚可見，從精神醫學的角度來看，齊騰巴赫完全具有責任能力。他所犯的罪行源自一種人格違常，但這種人格違常並未以任何方式損及他的控制能力。而且這個合格的護理師當然看得出自己行為當中的惡。因此齊騰巴赫被關進了一所監獄，他顯然不是該送進司法精神病院的病人。

保密至死

海德薇希．葛羅特鮑姆每天都最早起床，在她和女兒譚妮雅出門之前準備一份簡單的早餐，這天早晨也一樣。她剛在廚房裡忙完，就注意到樓上毫無動靜。女兒顯然是睡過頭了，於是她上樓去叫醒她，走到她房門前敲了門。

「譚妮雅，起床囉！已經很晚了！」

沒有動靜。她按下門把，可是門鎖上了。她更大聲地敲了門，重複叫喚，喊女兒起床。然後她聽見一陣踢踢躂躂的腳步聲，門鎖裡的鑰匙轉動了，然後譚妮雅慢慢把門打開。海德薇希．葛羅特鮑姆看見女兒臉色灰白，譚妮雅緊緊抓著門框。

「譚妮雅，妳怎麼了？妳不舒服嗎？」

「沒事，我還好。我待會兒就下去。」譚妮雅回答。

海德薇希．葛羅特鮑姆的目光越過女兒的肩膀看進她房裡，嚇了一跳。在淺米色的地毯上有一大片不容錯認的血跡。

「譚妮雅！妳該不會是又生了一個孩子吧！」她用指責的語氣說。

「不，我沒有。我不是說了我馬上就下去？」譚妮雅安撫母親，但是海德薇希．葛羅特鮑姆扶著女兒的手臂，帶她回到她房間，想把這份可怕的懷疑弄個水落石出。

「這是什麼？」她看著那片血跡問道。當譚妮雅漠不關心地聳聳肩膀，海德薇希．葛羅特鮑姆跑向壁櫥，在平常裝髒衣服的塑膠籃裡發現了一個用幾條浴巾和一張床單層層裹住的長形物體。她把塑膠籃拿出來，蹲下去摸了摸那個用布包住的東西，把包裹打開。她的目光落在一個新生男嬰身上，他全身還覆蓋著胎脂，臍帶在距離身體一個手掌寬的地方被剪斷。嬰兒的身體是涼的，顯然已經死亡。這時譚妮雅站在房間裡，在母親譴責的目光下她只說了：「我也不知道。」

沉默持續下去，然後海德薇希．葛羅特鮑姆站起來，打電話報了警。

等警察來了，她讓他們看了她在女兒房間裡發現的東西。

接下來警方仔細詢問了這個母親，並且在譚妮雅．葛羅特鮑姆和律師談話以後，對她進行偵訊。

警方得知海德薇希．葛羅特鮑姆是幼稚園老師，她的大女兒蔻兒杜拉在大學裡攻讀生物學，不過目前在基爾市實習。譚妮雅二十歲，是家中老么，正在接受零售商務的職業訓練，同樣也還住在家裡。父親卡爾・葛羅特鮑姆是工程師，由於工作的關係經常不在家，目前由於有個顯然年輕許多的女友而與妻子分居。

此外海德薇希・葛羅特鮑姆還告訴警方，她女兒之前就曾經在家裡生下過一個孩子。「那是在兩年前的一月，」她說，「譚妮雅去上班了，我去拿髒衣服，在她的壁櫥裡發現了一個死去的女嬰。我們當時根本不知道她懷孕了，這一次也不知道。她什麼都沒有跟我們說！」然後她補充道：「只有我女兒蔻兒杜拉上一次就覺得譚妮雅懷孕了，這一次也一樣。我問起過譚妮雅這件事，可是她總是說她沒有懷孕。」

在接受偵訊時譚妮雅證實了母親的陳述。「當時我完全被孩子的出生嚇了一跳。我得要去上廁所，而孩子忽然就生出來了。我心想：這是打哪兒來的？那是個女嬰。我根本不知道該怎麼辦，於是我把她撿起來，放在櫥櫃裡。我以為她死了。」如今她再一次「吃驚地」生下一個孩子。「我又懷孕了，可是我不想接受這件事。我怪我自己，心想：怎麼可能這種事又發生在我身上！然後我就沒有再去關心這件事。昨天晚上時候到了，可是那孩子並沒有馬上死掉，反而發出很奇怪的叫聲。所以我用枕頭壓住他，直到他安靜下來。」

我的任務是替二十歲的譚妮雅．葛羅特鮑姆作精神鑑定，以釐清責任能力的問題。因為從這些事件的整體關聯來看，的確該檢查這個年輕母親是否患有精神疾病或是人格發展有無重大缺陷，也許能夠解釋她何以在嬰兒出生後沒有照顧他們。她被指控的犯行是殺人。

幾天之後擺在我桌上的偵查檔案裡除了有這對母女的偵訊紀錄，還有對父親和姊姊蔻兒杜拉的訪談紀錄。卡爾．葛羅特鮑姆說明目前他和家人少有接觸，因為現在他和另一個女人同居。他最近一次看見譚妮雅是在三個月前，當時他沒有注意到什麼。「但我必須承認，上一次我也什麼都沒有注意到，那是在一九九八年。當我太太打電話給我，說她在譚妮雅的房間裡發現了一個死嬰，我大為震驚。那一次我女兒也沒說她懷孕了，也沒有跟我太太說。」

一個照片檔案夾裡有這家人所住的連棟房屋的照片，還有譚妮雅的房間、那些染血的浴巾和那個死嬰的照片。法醫的檢查證明了嬰兒出生時還活著，而且也有存活的能力。

在閱讀檔案資料時，有三個問題格外令我不解：和兩個女兒同住的母親怎麼可能沒有察覺她的小女兒兩度懷孕？為什麼譚妮雅．葛羅特鮑姆在這麼長的時間裡都沒有和她體內成長的胎兒培養出任何感情？而在第一次發現嬰兒屍體之後，這整樁不幸怎麼會再度重演？

照片裡譚妮雅的房間是個明亮、舒適的地方，是個即將成年的少女的房間。房間裡有個小小的起居角落，有沙發椅和一張茶几，還有先前提到過的那個壁櫥，壁櫥門上掛著一面鏡子，與臉部同高，鑲有裝飾用的粗框，另外還有一張床和一張小書桌，靠牆的矮櫃上擺著電視機和幾件裝飾品。從表面上來看，葛羅特鮑姆這家人的環境顯得很有秩序，完全沒有缺乏整理或生活困苦的跡象。

等我終於去探訪譚妮雅，我見到的是個身材苗條、修飾整潔的年輕女子，雙手柔軟，柔和的面容還很年輕，更像個少女而不像個成年女人。她的皮膚幾乎有點透明，說話很小聲，但是堅決有力，而且幾乎一直隱隱帶著指責。說話的同時，她一再絞著手指，把手指捲進身上那件寬大毛衣的褶邊。她也深深自責。

「也許我死了會比較好。基本上我根本不該活下去，在我做出那樣的事情之後。我心想，假如我死了，我的家人到底會不會想念我？」

她告訴我她的父母親都來自漢堡，她的外祖父母是藥劑師，掙得了某種程度的財富。她父親出身寒微，力爭上游而成了工程師。

「我爸爸對我外婆來說從來都不夠好。她本來希望家裡能有個醫生或是律師，或是能和一個富裕的商人家庭結成親家。」儘管如此她爸媽還是在一九七五年結了婚，兩年後大女兒蔻兒杜拉出生了，又過了三年後生下小女兒譚妮雅。

「我在讀小學的時候就已經知道我爸媽的婚姻情況不好。我們家反正和其他孩子的家不一樣，我們在家裡幾乎不交談。我爸和我媽對彼此始終一言不發，那是種很壓抑的氣氛。我也從沒見過他們互相擁抱。我那些朋友的爸媽……」譚妮雅．葛羅特鮑姆搜尋著合適的字眼，「……比較熱情，一切就是比較自然。在我們家總是很注意表面，我們什麼都有，吃得飽，穿得暖，一切都要整整齊齊……可是我們家就是沒什麼感情。」她說她大概十歲的時候，有一天晚上湊巧聽見父母吵架，聽見她母親在哭。「吵架的原因是我爸有了另外一個女人。不過那件事後來大概就也又結束了。他幾年前又有了一個女朋友，比我母親年輕十歲。但我不認為我爸媽會真的離婚，因為這會有損形象。」然後她說了一句重要的話，之後在談話中她還會多次重複。「他們寧可把所有的事都保密到死。」「保密到死」是家中所有成員真正的溝通風格，而「保密到死」也成了她自己的溝通風格。父母親各過各的，卡爾．葛羅特鮑姆顯然一再需要和其他女人發展關係，因為他在婚姻裡似乎得不到他想要的。海德薇希．葛羅特鮑姆則死守著和丈夫的婚姻，儘管她和他在一起並不幸福，而在這份不幸福背後似乎也含著對社會地位的不滿，她的社會地位達不到她父母親的期望。

「我爸媽很要求我們當模範女兒。我們一定要聽話，要打扮整潔。蔻兒杜拉比我更適合當模範。她比較漂亮，比我聰明很多，會彈鋼琴。她讀了大學……而我只有實科中學畢業，也沒什麼企圖心。事實上沒有一件事是我真正拿手的。我媽總是說：**妳看，蔻兒杜拉做得多好**，她可能以為這樣說可以激勵我，但是那一向只會讓我難受。」

受到父母指責時，兩個女兒受到的處罰是父母親長時間不跟她們說話。「那有可能持續個兩、三天。從外表上看起來一切如常，就只是更安靜了。而那似乎也沒有什麼妨礙。」

總之，從談話中很快就看得出來，對譚妮雅・葛羅特鮑姆來說，不被接受和自覺無足輕重是她人生的重要主題。「在家裡我從來沒有安全感。我和我爸媽根本無法交談。」

譚妮雅・葛羅特鮑姆在七歲時入學。「六歲時我還太容易恍神。」小學畢業後她進入實科中學就讀，以中等成績畢業，起初並不知道自己將來想從事什麼職業。有一段時間她騙她父母說她在一間百貨公司打工，事實上她每天早上出門，等母親去上班之後就又偷偷回家，在家中地下室的一個小房間裡躲上幾個小時，就這樣躲了好幾個星期。「我實在不知道我該做什麼。我不確定自己想做什麼，也沒有人能和我談。我爸媽總是只會施加壓力。**蔻兒杜拉在妳這個年紀的時候就已經知道她想讀生物系……**我就是沒辦法面對這個情況。有一天我明白了我不能一直躲在地下室，於是我決定接受零售商務的職業訓練。」我再度注意到她的敘述中隱隱帶有攻擊性，結合著一份無助，譚妮雅・葛羅特鮑姆似乎讓自己深陷於這份無助中。

「妳希望妳父母親怎麼做呢？」我追問。

「我希望他們關心！」

「而他們該怎麼關心呢？關心什麼？」我問。

「他們可以找時間和我坐下來談談我要受的訓練。他們應該要多給我支持和鼓勵。我老是覺得我什麼都不會，而我媽總是跟我說，如果我不努力，就只能去當售貨員。現在的情況也正是如此。」

「那妳覺得妳的工作怎麼樣？」

「喔，很不錯。我很和氣，對顧客有耐心。算得上有趣。」

譚妮雅在十二歲時進入青春期，十五歲時有了第一個男朋友，是她班上同學，非常欣賞她。「但是我們在一起的時間不長，因為他覺得我很棒，我卻應付不了這種情況。我總是認為我不配。」不過，他們之間並沒有性關係。「那也根本不可能。而我爸媽根本不高興我交男朋友！他們認為我該多放心思在課業上，可千萬別懷了孩子。」一年半之後她交了第二個男朋友。她和一個女同學到一家狄斯可舞廳去，在那裡遇見了阿瑪德，他二十歲，來自漢堡，是突尼西亞裔，幾年前曾因毒品犯罪而被關進少年觀護所。阿瑪德自己也吸毒，以古柯鹼為主，但他主要是做毒品買賣，在加油站打工之餘再賺點外快。她喜歡阿瑪德的長相。「我比較喜歡中東人。」她說。至於阿瑪德和譚妮雅的父母是否接受這段感情，雙方家長在這一點上態度一致，雖然他們從未交談過：譚妮雅對阿瑪德的父母來說沒有考慮的價值，卡爾和海德薇希．葛羅特鮑姆則顯然不贊成女兒交往的對象，即便他們還不知道他有前科。單是由於這個年輕人在加油站打工而且來自不同的文化背景，他們就已經難以接受。海德薇希．葛羅特鮑姆就連表面上的親切都懶得偽裝，對阿瑪德表現出冷淡的高傲，所以譚妮雅和阿瑪德都在他的一個朋友家碰面。譚妮雅從不曾吸毒。

「不，我一向拒絕吸毒。我也覺得阿瑪德吸毒不好，雖然我跟他在一起的時候他一向吸得不多。」阿瑪德則很快就掌控了他的女友，一再向她借錢，卻從來不還，最後還開始因為覺得她要求太多或是太過任性而賞她耳光。儘管如此，譚妮雅還是留在他身邊。

「難道妳從來沒想過要離開他嗎？」

「我不知道。其實沒有。我很高興我有個男朋友，哪怕他對我不好。但是我也……嗯，假如有人對我比較好的話，我也根本應付不來。」

「妳和阿瑪德對於避孕的看法是？」

「我沒有避孕。我總是認為我不會懷孕，從一開始就這麼認為。我根本無法想像我會懷孕。」在我的追問下她說：「不，我真的沒想過這件事。」阿瑪德的態度也一樣。「這件事根本不能發生。否則會在家裡造成不幸。」

「什麼樣的不幸？」

「我不知道……那根本無法想像。我爸媽會把我趕出家門，他們會失控。」

「假如妳爸媽把妳趕出家門，那會是什麼情況？」

「喔，那我該去哪裡呢？我又沒有別的親人，我也不能去住阿瑪德的父母家。」她沉默了一會兒，凝視著自己的膝上。「不，那是行不通的。」

「妳第一次察覺自己懷孕是什麼時候？」

「起初有很長一段時間我根本沒有察覺。一開始我覺得噁心想吐，那時候我以為我是胃不舒服。不舒服的感覺後來就過去了。我也沒有真的變胖……我的體重只增加了一點。我心想也許是我吃了太多香腸和麵包，那樣容易發胖。另外我甜食吃得比較多，這也有可能是我發胖的原因。我根本沒想到我懷孕了，我也一直都還有月經。」

「那妳是什麼時候第一次想到自己有可能懷孕了？」

譚妮雅思索著。「大概是生產前八週吧。這個念頭就這樣在我腦中閃過，而我心想：不，不，不！」她用力搖頭，並且緊緊閉上眼睛。「這不可能發生，不可以發生，沒有發生。就這樣，沒什麼好說的。」她的聲音變得更加有力。她說她立刻把這個念頭用力甩開，讓她不必再為這件事操心。「我想，這是我在家裡學到的。問題被擱到一邊，然後就不存在了。在我身上也是這樣。如果有什麼討厭的事，我最會的就是置之不理，那件事對我來說就真的不存在了。」

我提醒她，在她第一次懷孕的時候她姊姊就注意到了。

「有一天晚上蔻兒杜拉直截了當地問我。當時我說：妳胡說些什麼？」

「妳姊姊跟妳說起這件事，妳的感覺是？」

譚妮雅嘆了口氣，沉默了一會兒，又看著她交纏在一起的雙手。「起初我嚇壞了，然後我心裡很掙扎。我自認為我沒有懷孕，沒什麼好說的，所以我否認了。但儘管如此，我心裡渴望能得到支持。」

「什麼樣的支持呢？」

「嗯，他們全都應該要多問一些問題！他們應該要牽著我的手，帶我去看婦產科。可是沒有人這麼做。」在這個微弱的聲音裡又一次能聽出明顯的指責。

「妳姊姊找妳談，這難道沒能打開一扇門嗎？」

「我心裡的某種東西使得這不可能。沒辦法。」

「可是妳的家人要怎麼讓妳去看醫生？」

「他們應該直接牽起我的手，說：現在我們去看醫生！」

我腦中閃過一個念頭：她生下那第一個孩子有可能是對家人的一種象徵性懲罰。她沒有說出口的話可能是：看，這就是你們漠不關心的結果！家人對還在成長的胎兒可以視而不見，也的確視而不見，可是屋子裡的死嬰就沒辦法視而不見，在譚妮雅放置死嬰的地方尤其不可能，因為她知道母親會定期去那裡收集髒衣服。也就是說，她想要那個死嬰被發現。

接著譚妮雅敘述一九九八年一月她在生產時被自己的第一次懷孕嚇了一大跳。她感覺到「腸痙攣」，於是去上廁所。當她從馬桶上站起來，她發現有個東西正從她體內掉出來。她在幾分鐘之內就生下了一個有存活能力的女嬰。

「我看著這一團肉，看著這個古怪的嬰兒，它忽然就躺在我下方的浴室地板上，而我心想：這東西是打哪兒來的？它也根本沒哭，完全沒有出聲。我心想它是死了。」

當時譚妮雅還在浴室裡待了一會兒，等待胎盤排出，清洗了地板，用兩條大浴巾把嬰兒包起來，然後把這份出人意料、不請自來的禮物放進衣櫥。第二天她照常去上班。

如同在這類案例中一再會碰到的情況，譚妮雅在生產前幾天還和男友有過性行為，而她男友並未真的注意到她的身體狀況。

「那麼，阿瑪德的態度呢？」我問。

「他就只是一直怪我變胖了，除此之外什麼也沒說。」

當時刑事訴訟程序被中止，因為畢竟不能排除嬰兒是在出生不久之後猝死。

「事後妳父母怎麼看待這件事？」

「他們就不再提起這件事了。」

兩年後這整樁不幸又再度重演。譚妮雅再度懷了阿瑪德的孩子，這一次她比較早發現自己懷孕了。「大概是在五個月的時候。」她說，「然後我在心裡罵自己，跟自己說：怎麼會有這種事。這根本不可能啊！我到底有多蠢？」說著她又閉上眼睛搖頭。這個動作反映出她的內心：她拒絕直視那些幾乎不可能閉上眼睛忽略的東西。

「後來呢？這一次妳總知道妳要生孩子了吧？」

「我又把這個念頭撇開了。我告訴自己事情不是這樣，那就只是我的想像罷了，根本不可能是真的。所以事情不是這樣。」

「在剩下那幾個月裡妳都這樣想嗎？」我問。

「偶爾我會想起這件事，而我考慮過是否該把嬰兒放進棄嬰保護艙[1]。可是接著我馬上告訴自己：不，我明明就沒有懷孕。」

阿瑪德繼續向他女友要錢，此外還打她耳光、辱罵她，對於她懷孕這件事仍然沒有反應。

「那妳母親呢？」

「她問我：『妳該不會是懷孕了吧。』那不是個真正的問句，更像是在告誡，幾乎是在恐嚇。我跟她說我沒有懷孕。」

但她姊姊這一次明白地告訴母親，她認為譚妮雅就快生產了，但是母親就只滿足於譚妮雅的回答，而卡爾．葛羅特鮑姆在社會意義上早就遠離了這個家庭。最後，分娩的時刻到了，而分娩過程再度令譚妮雅吃了一驚，這一次嬰兒哭了，她自覺必須用枕頭壓住這個男嬰的臉，直到他安靜下來。她用一把裁紙剪刀剪斷了臍帶，再次用毛巾把嬰兒包起來，放在衣櫥裡。

我問她是否曾聽見陌生的聲音對她下命令，但是她明確地否認了。她說她就只是自己罵自己，她腦中從來沒有過陌生的聲音。

1「棄嬰保護艙」是容許嬰兒母親匿名將新生兒棄置於可照顧嬰兒之機構的一種措施，在許多國家都有，而且歷史悠久。

我又問了一次，難道就沒有一個人可以讓她談起懷孕這件事嗎？她說：「假如我跟我爸媽談起我懷孕的事，那麼這就成了一件事實。那麼大家就都知道我要生小孩了，包括我自己在內。可是如果我不說出去，我就可以把這件事擺在一邊，不去想它。本來我說不定甚至會有點高興，可是我卻把這兩個孩子保密到死……」說著她傷心地哭了。

譚妮雅．葛羅特鮑姆身上確實有顯著的人格違常加上缺乏自信而依賴的特徵。她的人格結構明確表現出類似「邊緣型人格違常」的特徵，包括顯著的自我憎恨和自我傷害，那兩次不被承認的懷孕也是她自我傷害的一種表現。

在開庭審判時，主審法官問她母親：「您的女兒告訴我們，假如她懷孕了，在家裡會是一件很大的不幸。是這樣嗎？還是說這只是您的女兒片面的看法？」而她母親的回答說明了很多事。

她母親脫口而出：「那會是一場大災難！」

一個孩子的出生意味著一場「大災難」，由此就可看出有生命的東西在這個家庭裡得不到多少空間。除了在日常生活的層面可能會在鄰居面前丟臉之外，在這個回答中還流露出對於「生命原則」本身的一種錯亂關係。一個孩子的誕生有可能發生在災難性的情況下，很遺憾地，我們知道直到如今這種情況在世上仍然太常發生。但是孩子誕生這件事本身卻幾乎不會是災難，因為新生兒始終是生命的表現，而「災難」這個字眼總是只被用在生命受到威脅或是無意義地消亡之時。戰爭是災難，墜機是災難，沉船是災難，地震也是災難。一個新生命卻正好象徵著災難的反面。如果分娩被解釋為災難，那麼嬰兒母親身處的關係結構就有點不對勁。

譚妮雅．葛羅特鮑姆由於在責任能力顯著降低的情況下犯下兩次殺人罪，而被法院判處兩年徒刑，並且暫緩執行。在法院審理程序開始之前她就決定接受絕育手術，以確保自己再也不會懷孕。

兩年徒刑，並且暫緩執行，另外譚妮雅．葛羅特鮑姆也必須接受心理治療。這個判決太輕了嗎？會引起公憤嗎？還是說這是符合人性的明智之舉？

根據對殺死新生嬰兒罪（意指新生兒在出生後二十四小時之內被生母所殺）之量刑尺度所做的研究，在判決定讞的案例中有百分之四十乃判處兩年以下徒刑，因此可以緩刑。在一般情況下犯行被判定為殺人罪，甚至往往被判定為情節較輕。

在此案中，沒有任何根據顯示出犯人日後還會有危險性。法院在判決理由中詳述了問題重重的家庭氣氛為減輕刑責的考量。譚妮雅·葛羅特鮑姆和阿瑪德分手了。

像譚妮雅·葛羅特鮑姆這樣的案例一再拋出的疑問是：一個女人怎麼可能如此成功地隱瞞她懷孕的事實，何況她是與家人同住，甚至還有個伴侶。懷孕這種事，怎麼可能假裝它不存在？這整樁悲劇又怎麼會重複發生？要如何解釋譚妮雅對自己和自己的身體那種深刻的錯亂關係？而且她為什麼選擇了一個待她不好的男人，還留在他身邊好幾年？

一如在拒絕承認懷孕或隱瞞懷孕這種現象上常見的情況，譚妮雅·葛羅特鮑姆從不曾去看過能正式確認她懷孕的婦產科醫師或其他醫師。她沒有去做產前檢查，沒有參加妊娠期準備課程，沒有購買相關書籍，也沒做孕婦體操，簡而言之，她表現得就像一個沒有懷孕的女人，也繼續從事性行為，彷彿沒事一樣，這也是在拒絕承認懷孕時常見的情形。她的性伴侶怎麼可能沒發現女伴再過幾週就要分娩？這實在難以想像，也彰顯出譚妮雅．葛羅特鮑姆的生活環境充滿了否認和冷漠，而她的伴侶對她也毫不關心。然而，她也無力擺脫這段伴侶關係：基本上這段關係是她一手策劃的自我否定。她之所以留在這個伴侶身邊正是因為他待她不好，因為她自覺這是她應得的。那兩個死去的嬰兒使她的自我形象和自我價值更形惡化。也就是說，這是一套自我懲罰的複雜系統，同時當然也是對她家人和男友的懲罰，畢竟那兩個不該活下去的孩子也是他的。

拒絕承認懷孕的女性分娩得很快，這是很典型的情況，彷彿身體在最後階段努力想儘速擺脫原本就不該存在的東西。當其他產婦在分娩時得在產房辛苦好幾個小時，這些嬰兒卻往往在幾分鐘之內就誕生於火車廁所或公園的矮樹叢。這也是發生在譚妮雅．葛羅特鮑姆身上的情況。

人格發展上的缺陷源自深深錯亂的人際關係模式，許多暴力犯罪行為也一樣。人格違常基本上表現在人際關係的障礙。這一點在譚妮雅・葛羅特鮑姆及其家人身上格外明顯。譚妮雅和她的家人都懷有牢不可破的信念，是他們行事的基礎。譚妮雅牢不可破的信念在於「我是多餘的」、「我不受喜愛」、「我有所不足／我對其他人來說不夠好」、「我毫無價值」、「沒有人注意我」這類想法，這嚴重阻礙了她的發展和人際關係能力。這些信念在她身上可一直追溯到她的童年，她自覺天資不如姊姊而受到冷落。她的另一個思考模式是：「我幫不了我自己／我需要別人的幫助。」

她的父母心裡也懷有這種有害的信念，而這些信念構成了他們彼此互動和營造彼此間關係的基礎。

而拒絕承認懷孕又是怎麼回事呢?她是真的不知道自己懷孕了嗎？一如在類似案例中常見的情況，這整件事在「隱瞞」和「拒絕承認」之間擺盪，在「不想知道」和「不知道」之間徘徊。在大部分時間裡，譚妮雅心中的確成功地壓抑住兩次懷孕的事實。「壓抑」這個心理學名詞係指將所經歷之事件的內容從自覺的經歷中剔除。其原因在於所經歷之事件的內容其實不該存在，是不被允許的。在這個案例中，最恰當的說法其實是懷孕的事實遭到否定，很難明確劃分實際上的隱瞞，和真正自意識中剔除。譚妮雅純粹只是在表面上採取這種態度，一如我們在否定懷孕者身上一再看見的典型情況。然而，身體和心理密不可分，因此譚妮雅·葛羅特鮑姆描述她懷孕時體型只有些許改變，這的確可能和心理的壓抑過程有關。就連在身體上也沒有給懷孕留下空間，或者應該說：沒有給胎兒留下空間。

暫且撇開這個案例，在此處我想更仔細地探討一下母親殺死孩子這件事。視被殺死的孩子的年紀而定，母親殺死孩子在法律上分為三種：「殺害新生兒」（Neonatizid）係指在嬰兒出生後二十四小時之內殺死新生兒，一如在前述案例中的情況；「殺嬰」（Infantizid）係指殺死出生一天到一年之間的孩子；如果被殺死的子女年紀超過一歲，則稱之為「殺害子女」（Filizid）。德國舊刑法第二百一十七條已經由於不合時宜而在一九九七年被廢除，從那以後，警方的犯罪統計紀錄就不再有殺害新生兒的數字。舊有的刑法第二百一十七條源自一八七一年的《德意志帝國刑法典》，明訂一個女性絕對不能因為殺死孩子而以謀殺罪受到懲罰。一直到一九九八年一月二十六日的第六次刑法改革（於一九九八年四月一日生效），殺死子女都被視為獨立的犯罪事實，針對在生產時或甫生產後殺死**非婚生**子女，將處以三年以上有期徒刑，情節較輕者處以六個月以上、五年以下有期徒刑。這條法律的基礎係假定婦女可能由於生下**非婚生**子女而陷入特別的社會困境。要使用舊的刑法第一章第二百一十七條，先決條件係**生母**在**生產時或甫生產後**殺死**非婚生**子女。依我的看法，斬斷這種錯誤道德觀的陳舊觀念，不再在婚生與非婚生子女之間做出道德與否的區分，這是完全合理的。對於殺死子女案件的量刑如今適用刑法第二百一十二條（殺人罪）和第二百二十一條（遺棄罪）。

在歐盟，目前有超過百分之三十五的孩子出生時是非婚生子女。由此可看出針對女性性行為自主在社會道德觀念上的可喜改變，於是自一九五〇年代以來，母親殺死新生兒或幼兒的比率大為降低。那時每年登記有案的案例約有一百五十件，如今每年則大約有二、三十件。官方估計每五萬個出生的孩子中會有一、兩椿生母殺嬰案件。所以，事實上我們並非生活在一個道德更加敗壞的社會，而是我們顯然更為敏感，因此在公眾意識中放大了少數案例。也因為我們從對犯罪案件的詳細報導中對個別事件所知更多，所以在主觀感受上覺得這類事件經常發生。

至於在古代，遺棄或殺死嬰兒並不罕見，女嬰和有缺陷的嬰兒尤其容易被殺掉。窮人會殺死自己無力養活的孩子，富人會殺死擾亂繼承順序的孩子。直到基督教傳布開來以後，**父親**殺死子女才被視為犯罪行為，並且以死刑加以制裁。即使到了十七、十八世紀，殺嬰或是故意照顧不良而使嬰兒死亡也不罕見。同時在那段期間的美國、加拿大和歐洲，法律加重了對未婚媽媽的刑罰。一個已婚婦女若是殺害新生兒，必須坐牢一年；未婚婦女犯下同樣的罪行卻會被當成女巫，被縫進一個布袋裡扔進水中淹死、被活埋，而在最好的情況下是被斬首。也就是說，像一八七一年在《德意志帝國刑法典》中所規定的對未婚母親的寬待並非在任何時代皆然。

一如年輕女孩譚妮雅·葛羅特鮑姆的情況，這類罪行的犯罪地點多半是父母家或嬰兒母親的住處。偶爾也會有不特定的犯罪地點，於是我們會從媒體上得知有嬰兒屍體在火車上或餐廳廁所中被發現。這主要是因為母親出門在外時產程突然開始，因此她就在剛好能夠分娩的地方生下孩子。在精神健康的女性當中，這種情況大多發生於二十五歲以下的年輕未婚媽媽身上，只有在那些患有嚴重精神疾病（像是思覺失調症或是重度憂鬱症）的女性當中，才會是年紀較長的女性佔多數。研究也顯示，殺死嬰兒的年輕母親雖然一般說來曾接受過性教育，但是對於懷孕和分娩這些事卻異常缺少關注。

否認懷孕的婦女大多在事後說明，她們害怕自己的伴侶或是自己身處的社會環境。這些母親當中絕大多數並非真正壓抑住自己懷孕的認知，而是從頭到尾加以隱瞞。而在壓抑的情況下，一個值得玩味的現象是，近半數女性仍然不定期會有月經來潮。此一現象在醫學上至今仍無法從荷爾蒙的分泌來解釋。所有這些女性都並非真正患有精神疾病。

在這種案件上，棄嬰保護艙並不能防止母親殺死嬰兒，因為使用棄嬰保護艙的先決條件是當事人在生產之時或是甫生產後曾考慮採取一種正面的策略，不管正面策略為何。然而，這些準媽媽卻避免去想這件事，或是在斷然拒絕承認懷孕的情況下強烈否認事實。於是她們固執地將懷孕徵兆另作解釋，把陣痛解釋為腸痙攣，把晨間的孕吐解釋為胃部不適。像譚妮雅・葛羅特鮑姆這樣的案例並不常見，但在某種程度上是這種人間悲劇的典型情況。

律師兼心理學家安娜葛蕾・威瑟（Annegret Wiese）在她的著作《殺死子女的母親》（*Mütter, die töten*）中精闢地描述了「殺害新生兒」和「殺嬰」的心理動力基礎。把殺死自己的孩子視為殺死自己體內的母親，這表現出一種內化了的負面母親形象。對母親而言，在為人母的身分中重演了她早年和自己母親的母女關係。也就是說，歸根究柢，這涉及一種具有跨世代意義的問題，就像一個套一個的俄羅斯娃娃一樣，有時候必須一直追溯到外婆那一代。

作為一個母親，需要有心理上的準備才能擔負起這個角色，並且必須有能力不把孩子當成物品，而視之為有權利活下去的獨立生命。

在死後成為一體

時間將近下午六點，海德薇希．卡爾和海恩茲．卡爾出發去接女兒英格麗，打算和她一起去附近一家餐館吃晚餐。英格麗和她丈夫亞辛．布魯克斯下午在他們共同擁有的房子裡碰面，打算把個人物品分一分。

卡爾夫婦喜歡這個女婿，對於女兒和這個勤奮可靠的男人的婚姻失敗感到難過。可是海德薇希．卡爾完全能夠理解她女兒，畢竟她自己也曾多次目睹她女婿的支配慾有多強。同時她也得知女兒意欲分手使得亞辛．布魯克斯十分痛苦。他已經有過一次嚴重的自殺未遂。她女兒走上離婚這一步是否真的做對了？

然而如今英格麗說她生命裡已經有了另一個男人，因此破鏡重圓的機會在她眼中也就消失了。

當卡爾夫婦抵達約定的碰面地點，那座漂亮的連棟房屋連同修飾整潔的前院安詳地靜立在那兒。他們按了鈴，卻沒有人來開門。英格麗的車子停在車庫裡，但到處都看不見亞辛．布魯克斯的車。他們又按了一次鈴，但還是沒有動靜。於是海恩茲用力敲門，並試著豎耳傾聽，看看亞辛和英格麗是否在爭吵，但是沒有任何聲響從屋裡傳出來。前些日子海恩茲．卡爾才建議過英格麗另外打一副鑰匙給爸媽以防萬一，而他女兒也打算這麼做，只是到目前為止還沒空處理。他和妻子走到那排房屋後方的小路上，翻過籬笆進入後院，跑向那棟房屋的後側，客廳和落地窗就面對著後院。

「天哪！英格麗躺在那兒！」他失聲喊道，猛捶窗戶，但是他女兒一動也不動。他想找塊石頭砸破面向後院那扇門的玻璃，可是在倉皇之中找不到合適的石頭。他趕緊跑回還站在籬笆前的太太身邊，喘著氣喊道：「海德薇希，打電話叫救護車和警察！」然後他告訴她他看見了什麼：他女兒躺在客廳窗前，看起來毫無生氣，身上裹著一條橙色的毯子。

到底是怎麼回事？海德薇希起初以為是女兒試圖自殺，雖然這令她想不透。難道她是因為分手過於痛苦而吞了藥？難道是她的新男友離開了她，所以如今她兩頭落空？

兩人心焦地等待救護車和警察到來，警察破門而入，海恩茲．卡爾第一個衝進客廳，把他發現女兒的地方指給警察和急救醫師看。醫師只能夠確認躺在地板上的女子已經死亡。除了結膜上細小的點狀出血和背上一道幾公分長的抓傷之外，起初沒有發現外傷。就只有這樣。沒有藥物包裝盒，沒有玻璃杯，除了廚房桌上的兩封遺書之外什麼都沒有——一封是寫給英格麗的父母，另一封是寫給亞辛・布魯克斯的父母，兩封信的內容大同小異。

「最親愛的媽媽和親愛的爸爸：

如果你們讀到這幾行字，事情已經無法挽回了。請原諒我，也請了解我。我一直告訴你們，我無法想像沒有英格麗的生活。英格麗對我來說意味著一切，英格麗是我生活的中心。從我們相遇的第一天起，英格麗和我就是一體的。英格麗想要分手，而我無法想像，也無法接受。如果我們倆在人間無法再維持幸福的婚姻，那麼現在我們將在天上永遠合為一體。對我來說，愛並不意味著『直到死亡將你們分開』，而是在死後還能長存。英格麗忘了這一點，她以為可以把我像一塊舊抹布一樣扔掉，但是我緊緊抓住我對她的愛不放。因此，我決定我們倆只能在天上共同生活。保重，並請原諒我……」

他繼續寫道妻子羞辱了他，也深深傷害了他，這使他失去自制。他在衝動之下打倒了妻子，說她的頭撞上精鋼冰箱，昏倒在地上。他說他曾努力過想讓她清醒過來，卻發現她已經死了。接著他預告了他將會自殺。

亞辛．布魯克斯顯然即將再度嘗試自殺——如果他目前還沒成功的話的話。根據死者臉部點狀出血的情形，警方迅速推斷出這兩封信的內容不太可能是對那番爭吵的完整描述，因為急救醫師判斷死者的頸部曾受到攻擊。

殺死了妻子之後，亞辛．布魯克斯人在哪裡呢？

後來發現他開著車漫無目的地到處跑，最後把車停在魯爾區一段鐵道旁邊，由於出現在軌道區而及時被人發現。起初他被送進一家精神病院，但後來隨著法院發出逮捕令被移送到一所監獄，由於他有自殺的危險，所以被安置在一間有室友的牢房裡。

在第一次接受審訊時，亞辛．布魯克斯承認他勒死了妻子，並且說起他想像和她在死後合為一體，在冥間能夠幸福地相守。

在此一背景下，尤其是基於檔案中所載的自殺意念，應該要由專家來鑑定亞辛・布魯克斯的責任能力。目的在於釐清殺人動機是否有可能是所謂的「自殺合併殺人」，或是由於夫妻最後一次爭吵而導致的「激情犯罪」[1]或「衝動犯罪」。亦即精神障礙是否在亞辛・布魯克斯犯罪之時影響了他的控制能力，從而影響了他的責任能力？

於是我從負責此案的檢察官接獲委託，並收到調查檔案。檔案資料並不多，因為亞辛・布魯克斯沒有前科，在發生這樁婚姻悲劇之前，他過著絲毫不引人注目的生活，融入社會的情況極其良好。檔案中包括對亞辛・布魯克斯父母的偵訊紀錄、對死者父母的偵訊紀錄、這對夫妻的一些朋友所做的陳述，和那兩封高度情緒化的遺書，另外還有陳屍處的照片和那棟房屋的照片。照片上是間修飾整潔的小型連棟房屋，原本的建築設計很平凡，但是窗戶上的橫木和深綠色的護窗板替這間屋子增添了一份居家的親切感。房屋內部的照片上有花卉和綠色植物的盆栽，客廳裡有一組沙發和一個較大的壁櫃，是淺淺的原木色，在放著那兩封信的廚房裡有一個可供用餐的角落，擺著四張樸素的椅子和一張桌子，靠著一面磚牆。屋裡的一切都顯得井井有條，只有客廳裡用毯子裹住的那具女屍破壞了想像中的和諧。

我讀了驗屍報告。報告中描述一名三十六歲的女子，在兩眼結膜、臉部皮膚和口腔黏膜都有大量點狀出血，在耳殼後面和頸部也有這種情形。法醫的初步判斷是：「有跡象顯示出多次以鈍器施加於頭部、頸部、軀幹和四肢的暴力，兩側太陽穴血腫，頭頂頭皮及後腦勺右側血腫，左下頜骨體上方皮下出血……」該名女子在死前曾經嘔吐，吸進了胃含物。法醫明確說明該女子的多處受傷和她丈夫說她撞到冰箱的說法並不相符，其實係源自被用力掐住咽喉，而頭部的血腫有可能係遭到擊打的結果，但死因為窒息。看起來像是亞辛·布魯克斯掐住妻子的脖子直到她失去意識，然後她嘔吐並吸入了胃含物，導致她窒息而死。

1「激情犯罪」被認為是一種「挫折攻擊型」犯罪，一般是指當事人因受到某種外界刺激，造成心理失衡、情緒失控而犯下的罪行。

每一件案例和每一樁刑事訴訟都涉及人類個體的命運，而每個人的內心世界都是獨一無二的。儘管如此，身為鑑定醫師，如果經常處理特定案件，就會發現一些特定的「悲劇類型」。夫妻爭吵升級為暴力行為，甚至造成致命的後果，這種風險尤其會出現在所謂的「攤牌」時刻，當多年的親密關係宣告失敗。在這種時候，平常甚至不會違規停車的人也可能犯下殺人罪行。

因此，在這種案例上，鑑定醫師必須十分準確地了解犯罪行為人在犯罪之前的情緒經驗。分手過程以何種方式造成他精神狀態的不穩定？這一點可以從哪裡看出來？他是否還能處理日常生活？他是否在更早以前就宣告過他的犯罪意圖？被害人是否曾收到過具體的威脅？還是在爭吵中最後一句有欠考慮的話語導致了災難？

司法精神醫學醫師要釐清的具體問題是犯行是否有所謂「激情犯罪」的特徵，或仍是有計畫的犯罪。要釐清這一點有一套評估的基準，必須具體加以檢查。無論如何，「激情犯罪」是人在主觀感受到的極端情況下的特殊行為方式。尤其是在分手時，在犯下罪行之前往往會有「反應性憂鬱症」[2]的情況。

從檔案中還能得知哪些重要資訊？

亞辛．布魯克斯是電腦程式工程師，在漢諾瓦工作，他在A2高速公路附近租了一間小公寓。一有空他就開車到博特羅普，一段日子以前他們夫妻在那裡買下一間連棟式房屋，並且悉心加以翻修。由於他太太在埃森擔任教師，而他們的朋友圈也在魯爾區，因此這對夫婦決定不要只因為亞辛．布魯克斯在漢諾瓦有份好工作就把把生活重心移到漢諾瓦。對他來說，單是英格麗要和他分手這件事就已經是無法想像，而他無論如何想留住那棟他花了許多心力整修的屋子。

有好幾對與英格麗和亞辛．布魯克斯相熟的夫婦曾做出證人陳述。他們全都說亞辛深愛他太太，但是也喜歡主導一切。

英格麗的父母在警方詳細的偵訊中證實了女婿深愛他們的女兒，說他們從未聽說過在女兒的婚姻裡有過暴力相向的情況。不過，英格麗顯然愈來愈覺得丈夫

2「反應性憂鬱症」係由外在因素所引發，例如遭逢親人去世、婚變、重病、天災等打擊，由於心理承受不了而罹患憂鬱症。

管她管得太多。她母親在接受偵訊時說：「有一次我女兒跟我說，說她覺得亞辛把她像塊馬賽克磁磚一樣嵌進他的整體人生計畫，而她自己完全沒有選擇。什麼事她都無法再自行決定，他總是把一切都規劃好了。」他每天都要從漢諾瓦打好幾次電話給她，對此她也不再覺得那是關心，反而更像是種監控。

亞辛的母親說她兒子的婚姻原本一直都是堪稱完美模範，但是遠距離關係漸漸讓她兒子很難受，因此他後來努力想在魯爾區或萊茵地區另外找份工作。在檔案中可以讀到她這段話：「然後我們的媳婦大概是跟他說他大可以繼續留在漢諾瓦，因為她不想再繼續和他生活下去。這令他無法承受。於是他坐上車，朝著一棵樹撞過去。他能活下來純屬僥倖。」

如今亞辛・布魯克斯會向我說些什麼呢？

最近這幾年來我養成了習慣，在替被鑑定人做精神鑑定之前，總是會先跟對方的辯護律師聯絡。一方面我想確定辯護律師和他的委託人對於接受鑑定一事意見一致；另一方面，有時候辯護律師會先行聲明，他的委託人雖然會針對自己的生平和個人做出陳述，但不會針對刑事指控做出陳述。而有時辯護律師也會告訴我，他的委託人將會做出完整的陳述，一如亞辛．布魯克斯的情況。

一番長達幾小時（有時會多次進行）的對話中不受打擾的氣氛，能讓一個人反省自己的思考、感覺和行為方式，追溯自己人生的發展，了解他何以成為他今日處境中的自己。對我來說，這無疑是我這門職業中最引人入勝的一部分。在評估犯人或司法精神病院病患是否仍具有危險性時，有時我也得在相隔多年之後再次針對同一個人進行精神鑑定。這時候我就也會想知道他們是否覺得自己在前一次的鑑定報告裡獲得到正確的描述，不管他們對最終的評估結果是否「滿意」。這對我來說就像一種品管。我也喜歡和坐牢多年的人交談，然後我會問自己：他們經過了什麼樣的發展？此一發展是否足以讓他們在重獲自由以後不再犯罪而好好生活？他們對於所犯罪行的觀點是否有了改變？還需要證明他們有哪些風險和危險？

亞辛．布魯克斯是個黑髮黑眼的瘦高男子，他用那雙黑眼睛直視著與他面對面的人，有點咄咄逼人。我依慣例先仔細向他說明做精神鑑定的一般條件，然後我們首先談起他的出身及生平，還有他是怎麼認識他太太英格麗的。

亞辛．布魯克斯開始敘述。他父親早年曾是木工，後來成為麵包師傅。他顯然很佩服他父親，而且遺傳到父親的靈巧手藝。他母親是家庭主婦，他和小他四歲的弟弟曼努耶在規規矩矩的家庭環境中一起長大。自從曼努耶背著妻子有過一次外遇以後，亞辛就和弟弟疏遠了。亞辛．布魯克斯強調婚姻對他來說是神聖的，外遇和離婚他都譴責。

「對於這件事我是直截了當的。」他堅定的語氣不容一絲懷疑。「我一向很確定：我這輩子只結一次婚，而且要娶對人。英格麗就是這個人。」又是一句不容反駁的話。

亞辛．布魯克斯的童年和青少年時期並未發生什麼特殊情況，他成長的環境混合了和諧寧靜與嚴格管理，對於他那一代的人來說沒有什麼不尋常。在童年和青少年時期他參加了一個西洋棋社團，表現傑出，曾在青少年組比賽中多次得獎，享受在比賽中技壓群倫的滋味。他說在學校裡他在數學邏輯思考上勝過其他同學，偶爾他會暗中羨慕其他同學比他更有勇氣或是在運動上表現出色，但是另一方面他認為他們比較笨。「在數學和物理兩科大家都聽我的，有幾個老師對我真的很佩服！」他的語氣中充滿了對那段風光日子的自豪記憶。如果他的同學透過他認為不公平的方式拿到好成績，他也會生氣。有時他認為女老師尤其會偏愛那些比較大膽的男生。由於他理解到自己的優越，就也很容易避開青少年時期抽菸喝酒的同儕壓力。他以優良的成績自實科中學畢業，然後轉學到文理中學，以中等成績畢業。

當他談及正確而嚴格的教育方式，包括在成績欠佳或頂嘴時被父親賞耳光，他簡直像是在說教，並且表示他不贊成非權威式的教育方式愈來愈普及。

亞辛．布魯克斯似乎很早就適應了由僵化的觀念所構成的束縛，本來他也可以反抗這種約束，但他似乎藉由「過度適應」來應付。

服完兵役之後他開始在大學攻讀計算機科學，那的確很適合他。他和女性的接觸開始得比較晚。十七歲時他曾短暫有過一個女朋友，是他班上同學，可是他心裡明白他們的關係不會長久，就也沒有必要投注太多心力在這段情誼上。英格麗是他二十四歲時在大學同學帶他去的一場派對上認識的。當時她正在大學攻讀公立學校教師資格，在那之前她已經是合格的幼教老師。她個性風趣活潑，但支配慾不強。他立刻愛上了她。尤其是她出身於相對保守的家庭，和他有相同的人生觀。雙方家長都對自己孩子選擇的伴侶感到滿意，樂於見到他們結婚。他們按照習俗在教堂裡成婚，一切都很美滿。

這段婚姻陷入危機，是由於英格麗如願在魯爾區找到了實科中學教師的職位，而他自己卻在漢諾瓦找到一份有趣而且薪資優渥的工作，於是他們不得不展開一段遠距婚姻。起初他們倆都同意接受職業上的挑戰和機會，並且堅信他們能夠一起辦到。他們不想放棄原有的朋友圈，也希望有朝一日能買棟房子。而要買房子他們就需要兩份收入。

我向他問起他們的生育計畫。

「英格麗很想有一、兩個小孩，但我覺得那只會沒必要地增加我們兩人關係的負擔。我的時間想和她一起度過，由於工作的關係我們已經不得不分處兩地了。再說英格麗對我來說就足夠了，我不缺少什麼。」

在展開遠距婚姻之後，他們在大約兩年前買下那棟房子，想讓這棟房子成為他們往後生涯規畫的支柱。亞辛．布魯克斯敘述當時他同意先保留他在漢諾瓦那份好差事，但是幾年之後就會設法換一份在萊茵—魯爾地區的工作。他們倆設法適應週末才相聚的婚姻一共有四年之久，而亞辛．布魯克斯花了很多時間替他們的小窩做各種手工。然而，過去這幾個月以來，他逐漸隱約感到兩人間的疏離。他們變得比較少交談，如果交談，談的也只是表面上的日常事務。他覺得妻子似乎不再關心他，不再問起他的事。他曾問過她是否發生了什麼事，但她避而不談，反而轉開了話題。在這樣一個週末，當他再度明顯感覺到他們之間少了那份親密，取而代之的只是和平共存，於是他去看求職廣告，希望轉換工作地點之後能搬進他們共同的家定居，能再度鞏固那份親密。而他太太顯然把這視為宣布分手意圖的時機。

「『亞辛，』她對我說，『你不需要為了我而從漢諾瓦搬回來。你在那兒明明過得很好，有一份很棒的工作，而我不知道我們兩個繼續在一起還有沒有意義……亞辛，我要跟你分手。』」

亞辛．布魯克斯搖搖頭，無法理解妻子有如晴天霹靂般向他宣告的事。

「我實在無法理解。我們過得那麼好，不久之後我們就又能在一個屋簷底下生活，卻發生了這種事！」

不幸就由此展開。亞辛．布魯克斯從未想過離婚這種事也可能發生在他身上，完全沒有過這個念頭。婚姻的這種發展與他的人生計畫不符。除了他所表達的源自基督教信仰的道德考量之外，我也感受到亞辛．布魯克斯在情感上無法理解怎麼可能有人會玩這種更換伴侶的遊戲，這可是涉及結束一段嚴肅的關係，一段經由婚姻聖禮而神聖化的關係。此外，他傾向於把自己的標準視為舉世通用的原則應用在所有人身上，雖然他自己的標準十分崇高。因此在這個可靠、勤奮、忠實的人身上也帶有一絲嚴峻，有可能會使和他共同生活的人漸漸感到不滿。

在做精神鑑定時，我總是等到已經略微談過一些主題，使鑑定人習慣談話情況以後，才會談起對方被控犯下的罪行。我首先和亞辛．布魯克斯談論他第一次試圖自殺的事。他說想到英格麗要離開他令他無法忍受，彷彿有人從他體內扯下了一個內臟，而他忍受不了那份痛苦。因此他對接下來所做的幾次心理治療也都不滿意，認為這些治療簡直是荒謬。治療他的心理醫師勸他接受分手這件事，可是對亞辛．布魯克斯來說只有一條路可走：設法挽救他的婚姻。

然後我終於談到了犯罪事件這個主題，這時我再次提醒亞辛．布魯克斯，如同先前已經說明過的，他可以自行決定要不要回答我的問題，同時我沒有替他保密的義務。

亞辛．布魯克斯向我敘述他和妻子約好在那棟房子裡見面，打算把文件分一分，最後再商量要如何處理那棟房子。對他來說事情很清楚，他想要留下這棟房子，畢竟他花了這麼多精力在這棟房子上，基於這個理由，這基本上是**他的**房子。

亞辛．布魯克斯敘述：「所以我對她說：『我要留下這棟房子。』畢竟這房子屬於我要比屬於她更多，而我也試著讓她明白這一點，可是她反駁我。」亞辛．布魯克斯說英格麗用了一種他完全不熟悉的語氣，聽在他耳中像是混合了同情和輕視。「『亞辛，』她說，『別孩子氣了。你一個人反正沒辦法留住這間屋子！』這時我跳了起來，我腦中所有的保險絲都燒斷了。我衝向她，朝她打下去。我失去了自制。她出手抵抗，我們倒在地板上，我繼續打她，然後用雙手勒住她的脖子。我不知道我勒住她多久，但是我心裡有控制不住的憤怒。同時我對她大吼大叫：『妳在說什麼?!妳在說什麼?!再說一次！說啊，妳再說一次！』然後我鬆開了手，而她沒有再動一下。」

儘管情緒激動，亞辛．布魯克斯仍然仔細敘述了他如何壓在妻子身上，勒住她的脖子。「我把右腿擱在她左腿旁邊的地板上，用我的左腿把她往下壓。」亞辛．布魯克斯站起來，在地板上約略模擬了當時的情況。然後他說：「假如時間能夠倒流，我會讓這件事不要發生。這是我這一生最大的錯誤。我永遠無法彌補。」這是許多夫妻在這種悲劇發生後都會說的話。

我讓他沉默了一會兒，然後問他，在整個分手過程中，他是否先前就曾有過殺死妻子的念頭，以免失去她？

「我不能否認自己有過這個念頭。我甚至考慮過乾脆引爆瓦斯把那棟屋子炸掉，連我們兩個一起炸死。但我後來並沒有這麼做，因為我不想傷害到跟這整件事毫不相干的其他人。畢竟我們住的是一排連棟房屋。」

亞辛．布魯克斯殺死妻子之後在廚房裡坐下來寫了那兩封遺書。「在跟她扭打之後，我想我還在屋子裡待了大約半小時，也可能是五十分鐘。我把她用毯子裹住，然後寫了那兩封信，那當然要花一點時間，可是我全身就像通了電一樣。然後我就走了，打算去撞火車自殺。」

我在書面鑑定報告，以及最後在公開審判中所做的口頭報告中，得出了以下的結論：首先我可以排除亞辛．布魯克斯患有典型的精神疾病。同時也沒有理由認為他患有腦部疾病。案發之前那次嚴重的自殺嘗試與「反應性憂鬱症」有關，那一次他活了下來。

如今要單獨檢查的是，在犯下罪行之前，亞辛．布魯克斯由於憂鬱症的症候而以何種方式受到臨床可識別的負面影響。想要在死後合為一體的願望是「自殺合併殺人」的典型想像。帶有「自殺合併殺人」風險的一種精神障礙是重度憂鬱症，有時伴隨著無意義的妄想。分手的情況會造成情緒上的負擔，這是可以理解的，但除此之外，亞辛．布魯克斯並未能提出經醫師診斷確定的憂鬱症狀，而證人也並未提起這類症狀，所談到的比較是亞辛心中的委屈以及無法接受妻子想要違抗他不容推翻的人生原則。然而，他在犯下殺人罪行之後試圖自殺也表現出一種精神不穩定，我們知道，分手時會試圖自殺的人做出攻擊他人之行為的危險性更高。要了解亞辛．布魯克斯的行為模式，關鍵在於他的性格。

我可以明確排除在他身上有符合法律分類中所謂「其他嚴重之精神異常」的人格違常。直到他的婚姻破裂之前，亞辛．布魯克斯在社會上都過著成功的生活，融入社會的情況良好。他有自己堅信的規範和價值觀，有能力長年維繫一段關係和婚姻，並且替自己（及妻子）規劃出生活的前景。他只在處理分手情況時明顯表現出適應困難和心理異常，但是在這個十分具體的壓力情境之外卻不曾表現出來。

但我描述了一種明顯的人格特質，這能解釋亞辛．布魯克斯何以處理不了這個特殊的人生情境，最後殺死了妻子。亞辛．布魯克斯把妻子視為他人生拼圖中不可挪動、不可改變的一小塊馬賽克磁磚。一個拼圖如果少了一片就不再完整，畫面就受到了擾亂。同時他以一種熔合的方式和妻子結為一體。對他來說，她不再是一個獨立於他之外的自主個體，而是他的一部分。描述這種關係的專業術語是「共生關係」。共生關係的核心概念是：「我透過你而成為一切，少了彼此我們就什麼也不是。」這肯定是種異常，但是所描述的卻是我們全都以某種方式具有的人格特質，雖然在每個人身上表現出的程度不同。如果要在法律上也被承認為病態的人格違常，單是描述著重於關係塑造的異常性格就還不夠。亞辛・布魯克斯流露出一種比在一般人身上更明顯的頑固，在思想上有點不知變通，也可以稱之為強迫症。此外他也具有較突出的自戀性格。

「自戀」這個概念有時被過度使用，這種性格在熱愛手錶的貝恩德・齊騰巴赫身上以及下一個案例中都有助於我們去了解人類心理的錯誤發展，而這個概念指的究竟是什麼呢？

許多人都具有一些自戀的性格特徵，在正常的情況下，這些特徵使我們具有工作能力。上進、勤奮、朝目標努力都源於自戀的特質，自我要求和對別人的要求（有時會造成問題）肯定也源於自戀的特質，具批判性的判斷能力也一樣。一如許多事物，自戀無所謂好壞，決定其利弊的只是劑量多寡。亞辛・布魯克斯顯然表現出他要求握有領導權，而且也自認別人會聽他的。如果別人不服從，就會令他大為惱怒，覺得自己被得罪了而撒手不管。明顯具有領導慾的人藉由在某種層面上對人發號施令來增強自我價值，如果他們不能隨時隨地滿足自己的領導慾，他們往往會覺得那是種難堪的挫敗和恥辱。對於這個世界以及各種事情理應如何，亞辛·布魯克斯有明確的想法，這也影響了他和旁人的關係。如果別人私自選擇了別種生活方式、不再符合他的道德標準，他就與他們斷絕往來，同時他太太也要夫唱婦隨，例如他對待有了外遇的弟弟的方式。

特別自戀的人期望由於自己在智力或道德上高人一等而受到別人的欽佩和請教。他們渴望讚賞，也期望得到更多尊敬，也許是超過他們的地位和能力在日常生活中所應得的尊敬。他們或多或少坦白地認為自己其實高人一等，或者認為自己被大大低估。他們容易嫉妒，對於財富或理想的愛情充滿幻想。在人際接觸中他們往往很強勢，有時顯得有點自負。這一點在我和亞辛·布魯克斯的三次談話中也明白地顯露出來。

不過，亞辛·布魯克斯在談話當中保持著禮貌，沒有對我表現出倨傲的態度。偶爾我也會碰到不同的情況，那些要求特別高的犯罪行為人會說：「我根本不知道妳對我來說夠不夠格。不過，我們姑且試試看吧……」或是在我反覆詢問時表示：「妳顯然沒有仔細聽我說，不過，我很樂意再解釋一次！」另一種說法是像：「我覺得妳不夠內行。妳這輩子有沒有……」，接下來他所提出的質問和具體的鑑定工作毫不相干，但是在他的價值結構中他以十分主觀的選擇推論出，凡是不能滿足他所列舉之成就的人就一定是不內行。在一般的日常接觸中，這種態度可能會令人惱怒，但是在做精神鑑定時這些資訊全都有助於了解此人如何與他人建立關係。就這一點而言，這種行為很值得玩味，對我也很有幫助。當然，這種行為有時是擺明了想操縱對方。

特別自戀的人想要受人喜愛，也想要覺得自己很重要。在這種情況下，心理學家所謂的「自我概念」由兩種模式構成，一種正面模式和一種負面模式，前者如同前文中所述，有時表現得太過火；後者的內容則是：「我毫無價值」。簡而言之，自戀的人一方面必須一再向外界表明他們有多厲害、多有能力，另一方面卻深受到自我懷疑的折磨。

可是要如何理解一個如此在乎自己工作能力和優越性的人，一個一向生活得有目標、有組織的人，卻處理不了離婚這件事，然後還在他所愛的妻子身上犯下了殺人罪行？為什麼他會殺死他最愛的人，殺死他不想放棄的人？要如何理解一個殺妻的人同時又說他沒有她活不下去？

馬訥若斯教授（Andreas Marneros）所寫的《殺死親密伴侶》（*Intimizid-Die Tötung des Intimpartners*）是司法精神醫學專業文獻中關於殺害親密伴侶之行為的經典著作，包括殺妻與殺夫的行為在內。他指稱，一些殺害親密伴侶的案例，係由於犯罪行為人的自我定義受到撼動而發生，此章中所述之案例也屬之。馬訥若斯把從蜜月期到殺死伴侶的發展過程分成四個階段：第一個階段是「建立伴侶關係」。亞辛．布魯克斯敘述他和英格麗把彼此視為可共度終生的伴侶，並且規劃出共同的未來。在這個階段，他們過了若干年幸福的生活。不過，亞辛想要獨自擁有英格麗，這一點從他不想要小孩這件事上就看得出來，因為他擔心小孩可能會和他爭奪英格麗的愛與關心。在這之後是「養成例行生活」的階段。亞辛對這個階段的描述也偏重於日常生活的安排，少了更深刻的交談和更多共處的時光。而在這個階段也形成了更多的依賴，在這個案例中包括經濟上的依賴以及對個人職業生涯所產生的後果。對亞辛來說，婚姻在他的自我概念以及他對自己人生的想像當中居於中心地位。婚姻的聖禮甚至也許是他人生中最重要的。然而，自己人生意義的來源愈是純粹來自伴侶關係，一旦面臨分手，此人陷入嚴重憂鬱乃至試圖自殺或真正自殺的危險性就愈高，再不然就是殺死伴侶，藉此把伴侶永遠留在身邊。亞辛・布魯克斯第一次試圖自殺就已經顯示出面對這個處境他已無計可施。接下來是所謂「解除關係」的階段，在這個階段中，雙方做好分手的準備，再度找出解決之道，但是在不順利的情況下也可能導致災難。後來犯下罪行的一方此時逐漸顯露出精神不穩定，產生睡眠障礙，就只會針對這段伴侶關係鑽牛角尖，苦苦思索要如何挽救這段關係，無法掙脫內心深處的痛苦，無法再集中注意力，也無法再去思考別的事。同時此人可能產生「自殺合併殺人」的幻想，亦即先殺死伴侶再自殺的念頭，至少在死後能和平幸福地合為一體。亞辛・布魯克斯在他的訣別信裡也明白說出了這個動機，在我所知類似的案例中也有不少男子這樣說過，意思是如果伴侶中比較不快樂的一方在生活中已經找不到安身之處，那麼另一方最好也不該有。他們的座右銘是：「如果我非死不可，你也該一起死。」這種殺人兼自殺的心態對致命的婚姻悲劇而言是個高風險因素。接著，殺死背叛的伴侶就發生在第四階段，馬訥若斯教授很貼切地稱之為「最終的崩潰反應」。發生殺人罪行的典型情況是所謂的「最後一次攤牌」。在這一次見面時犯罪行為人往往還抱有最後一絲希望，以為在這一次談話中他還能夠扭轉情勢。可是如果他的希望明顯落空，或是對方還說了句挑釁的話，一句貶低、一句譏嘲、一句刺傷心靈的話語，就會導致此人在盛怒中犯下罪行。

此案和葛歐克・塔姆殺妻案之間的差別在此處格外明顯。葛歐克・塔姆殺死妻子是按照一個準備多時、有好幾個步驟的計畫，可以說只失敗在棄屍這個環節上。他殺死了他厭倦的女人。亞辛・布魯克斯殺死了他至愛的女人。但是他真的愛她勝過一切嗎？在他的想法中她最終成了他所擁有的物品，成了他的一部分，她屬於他。就此而言，亞辛・布魯克斯把愛和佔有混為一談，不過這其實也是人性。

雖然殺死英格麗・布魯克斯的行為發生在盛怒之下，這一點從法醫所描述的創傷型態就不難看出，但此案卻並非法律上所謂的「激情犯罪」。不過，法院看出此案中殺妻與事後之企圖自殺符合自戀的佔有動機所導致的「自殺合併殺人」，並且以專家鑑定報告中的詳細說明作為根據。法庭認為在此案中並沒有動機卑劣之殺人罪行的特徵。亞辛．布魯克斯在殺人之前好幾個星期就已經以明顯的憂鬱症狀表現出精神不穩定，法院因此按照「病理之精神障礙」判定責任能力降低。亞辛．布魯克斯由於殺人罪而被判處八年徒刑。

假如她死了，我會好過一點

死亡於上午十一點半降臨在貝提娜．哈弗勒身上，來得既快又猛。如同每個星期二上午，她坐在「胡夫許密德人力資源顧問公司」氣派的辦公室裡，一座高雅的櫃臺後面。門鈴響了，她按下對講機的按鈕。

「這裡有一個包裹要交給胡夫許密德公司。」一個男子的聲音說。

貝提娜．哈弗勒按下了開門的開關，而她最後意識到的一件事是，站在她面前的並非包裹寄送公司的工作人員，而是她的丈夫湯瑪斯，他擱下包裹，從外套裡掏出一把槍。她生命的最後片刻在她感覺上也許宛如以慢動作發生，但其實就只有幾秒鐘，因為湯瑪斯．哈弗勒在比利時的一個軍品市場買了手槍和子彈，並且做了妥善的準備。他從正面向他太太開了五槍，兩顆子彈射偏了，射進她身後的牆壁，但另外兩顆射中了她的前額，一顆射穿她頸部。他把用來偽裝身分的黃色郵包留在櫃臺上，把槍塞回外套之後就轉身離去。

槍聲自然不會沒人聽見。當天上午在那間人力資源顧問公司辦公室裡的三名同事起初本能地把自己反鎖在房間裡，擔心他們全都有危險。等到辦公室的大門「喀」一聲地關上，接下來幾分鐘又都安靜無聲，希格倫．哈爾許泰德把她辦公室的門打開一條縫，再度豎耳傾聽是否有動靜，然後才率先踏上長長的走道。她朝著接待櫃臺往前跑，看見那位女同事癱在那裡、渾身是血、兩眼翻白，她尖叫起來。那是一幕處決的場景，一如新聞裡所見的暴行畫面。這聲尖叫引來了另外兩名男同事，老闆本人當天不在公司。大家都呆若木雞，誰也不認為急救還有用處。後來一名男同事壯起膽子去摸被害人手臂上的脈搏，但是脈搏早已不再跳動。「她死了。」他不知所措地說，另一個同事報了警。

不久之後，隨著警察一起抵達的急救醫師就也只能證實被害人已經死亡。警察在詢問後得知這幾名同事當中無人看見凶手。希格倫．哈爾許泰德說她在休息時間和貝提娜．哈弗勒聊天時得知貝提娜從二〇〇一年底就主動和丈夫分居，而她丈夫無法接受她這個決定。「兩個星期前她才跟我說過：『如今我只有在辦公室裡才感覺安全。』」她說貝提娜由於丈夫一直跟蹤她而活在恐懼中，顯得很憔悴。她丈夫顯然從將近八個月前就一直日夜騷擾她。「我自己從來沒見過她先生。」希格倫．哈爾許泰德又加了一句。

「據您所知，她還有哪些親屬？」一名警察問道。「她有個兒子，名叫約拿斯，大概是十歲還是十一歲，我不太確定。他剛剛進入文理中學就讀。另外她還有父母親和兩個姊妹，一個住在諾伊斯，另一個住在哪裡我不知道。我也不知道開槍打死她的人是不是她丈夫——可是還有誰會這麼做呢？」

另一方面，在這棟辦公大樓入口詢問臺值班的年輕人則提供了相當清楚的人身描述。「將近十一點半的時候，有一名男子帶著一個包裹跑進來。他還和氣地跟我打了招呼，這一點我還記得，因為許多人會視若無睹地從我面前經過。他的步伐很有活力，很矯健，大約四十五歲，也可能再大個幾歲。前額禿了一塊，戴著眼鏡。我注意到他穿著一件咖啡色的皮夾克，袖子上有草綠色條紋。」

「你以前見過他嗎？他經常到這兒來嗎？」一名警察問。

「沒有，我不認識他。不過，我在這裡工作也才只有半年的時間。」

「你有看見他開的車嗎？」

「沒有，我沒看見。」

現在當務之急是找到貝提娜．哈弗勒的丈夫，並且妥善照顧她兒子，這個時間他還在學校。

關於湯瑪斯・哈弗勒，警方很快就查出地方法院在二〇〇二年五月依據新的「暴力防治法」判定禁止他接近妻子身邊五十公尺以內的距離，也禁止他寫信或打電話騷擾她。問題只在於湯瑪斯・哈弗勒並不在乎法院的禁令。

警察在學校的輔導老師那兒找到約拿斯・哈弗勒，下課之後他就留在這位老師身邊，等待母親來接他。原因是湯瑪斯・哈弗勒在中午時分來學校找過他兒子，想接他走，可是約拿斯曾接獲嚴格的指示，在沒有事先講好的情況下不能跟他父親走，應該留在學校裡，並且打電話給他母親。約拿斯也照辦了，可是打電話只找到了他母親的同事。於是警察只好把這個哭泣的孩子送到他外公外婆那裡，必須有人告訴這個孩子他母親出事了。其他的警察則著手尋找湯瑪斯・哈弗勒，展開一場大規模的追緝行動，不到三小時之後就在距離杜塞爾多夫大約三十公里的一家休閒旅館找到了住進旅館的他，他沒有抵抗，束手就擒。那把槍就放在他那輛深藍色BMW汽車的行李廂裡。

在這件案子中，我接獲的任務是替湯瑪斯．哈弗勒作精神鑑定，因為他在供詞中說他在二〇〇二年三月至四月曾經住院四週接受精神疾病治療，而如今家庭醫師又給他開立了三週的病假單。

一個剛剛射殺了妻子的人竟會住進休閒旅館，並且冷靜地把凶槍放在汽車的行李廂裡，這的確耐人尋味。三週的病假單和休閒旅館怎麼湊得到一起？難道湯瑪斯．哈弗勒現在真的想先好好享受一下？他本來對他兒子有什麼打算？是什麼使一個人就這樣射殺自己結褵十二年、相守十五年的妻子？是什麼樣的怒氣或是深刻委屈導致了這樁處決行動？

從檔案中的照片可以看見位在杜塞爾多夫市區的那棟辦公大樓，看見建築物內部的格局、通往那間人力資源顧問公司的門、貝提娜．哈弗勒遭到槍殺的那間辦公室、以及包含那條長長走道在內的其他房間。

實際的犯罪地點是櫃臺，貝提娜．哈弗勒的辦公桌就在櫃臺後面。兇手顯然是打定主意要殺死這名女子。如果子彈是從側面射穿頭部，受傷的人有時還能保持行為能力。我記得有個案子是一個傷心的丈夫試圖舉槍自盡，可是因為他把手槍抵在腦側，射中了視交叉，結果失明了。我也還清楚記得一樁不幸的少年愛情悲劇，一名十九歲的中學生槍殺了他的女友，然後朝自己腦袋開了一槍，把自己弄成了植物人。我不知道他如今是否還活著。這些案子雖然發生在許多年前，卻由於其悲劇性而深植在記憶中，尤其是對雙方的家人而言。

從檔案中可知貝提娜．哈弗勒立刻就失去意識，旋即死亡。根據警方的報導，凶槍是一把年代較早的「白朗寧大威力手槍」，是戰後在比利時製造的。

我在檔案中沒有看見有關精神疾病治療的醫師診斷書，於是記下來我在和湯瑪斯．哈弗勒交談時要問他是否允許我去索取這份診斷書。另一方面，附加檔案中的資料顯示湯瑪斯．哈弗勒自二〇〇一年底以來就對妻子有愈來愈嚴重的跟蹤騷擾行為。根據這些資料，此案的前因如下：

哈弗勒夫婦在二〇〇一年十二月初分居，在那之前湯瑪斯．哈弗勒有過一年外遇，對象是健身俱樂部裡一個比他年輕許多的女子。雖然湯瑪斯．哈弗勒在十一月就主動結束了這段外遇，但是他太太沒有原諒他。在聖誕節前，他們倆邀請了至親好友到家裡來，宣布了他們在雙方合意的情況下決定分手。湯瑪斯．哈弗勒說他會先搬出去，因為現在夫妻雙方得要釐清自己的感受。這一切聽起來都很理性，後來在審判中出庭作證的親友都表示當時的氣氛甚至相當輕鬆。

於是湯瑪斯．哈弗勒搬進城裡南區的一間公寓，貝提娜．哈弗勒則帶著兒子留在西北區的自有住宅。根據附加檔案中貝提娜．哈弗勒的陳述筆錄，他們夫婦講好湯瑪斯可以在週末來家裡拜訪，並且照顧他們的兒子。她承認起初並未堅決地明確表示她最終不會再給這樁婚姻一次機會，但是在聖誕節前那幾個星期裡她明白了這段關係中的信賴已經動搖到無可挽回，尤其是自他們結婚以來這已經是她丈夫第二次有外遇。她丈夫在一九九四年就曾經和一位女同事有過短暫的關係，但他們夫婦最後還是又和解了，也是看在兒子年紀還很小的份上。

「第二次我就不想和解了。」貝提娜．哈弗勒在紀錄裡說，當負責此案的家事法庭需要判定父子之間的接觸該如何安排。她重申她想要離婚的願望不會更改，但湯瑪斯．哈弗勒仍舊希望妻子會回心轉意。他搬出去這件事沒什麼困難，週末時他在白天回家探望，星期天和妻兒共進早餐，帶約拿斯去游泳或是看電影，並且一直待到晚餐時分。在週間他每天晚上打電話給約拿斯，並且詢問妻子學校裡的事。聖誕夜貝提娜・哈弗勒帶著兒子在她爸媽家度過，聖誕節當天湯瑪斯・哈弗勒則帶著給約拿斯的禮物前來探望，還帶了一條金手鍊送他太太。

貝提娜・哈弗勒雖然同意丈夫經常和兒子接觸，卻拒絕接受丈夫買給她的那件首飾。

「因為這樣在聖誕節當天我們大吵了一架。我先生認為我認識了別的男人，但是情況並非如此。他大吼大叫，在屋裡跑來跑去，去檢查浴室和臥室裡有沒有保險套，把洗衣籃裡的衣物都倒出來，看有沒有陌生人的內衣，他去檢查床單，把我的衣服從衣櫥裡扯出來，查看衣櫥裡有沒有其他男人的衣服。那也是他第一次對我做身體上的攻擊。他用兩隻手抓住我的上臂，用力搖我，一再喊道：『妳瘋了，妳瘋了。我們屬於彼此！』我費了很大的功夫才使他平靜下來。他開始哭泣。那真是場災難！約拿斯也完全嚇壞了。」在筆錄中她這樣說，解釋她何以必須堅持法院禁止丈夫接近她。「他在發飆之後走了，然後在半夜裡打電話來哭著說他很抱歉，說他想要道歉。他也喝了酒。我根本沒見過他這個樣子。然後他在清晨四點又打電話來道歉。他用電話來騷擾我就是從那時候開始。我先生每天晚上和深夜都打八次到十次電話給我，在約拿斯已經上床睡覺以後。他向我哀求、哭泣，但是也愈來愈常威脅我。」他在午夜過後多次打電話給她，問她是否睡了，是否已經睡醒了，還是也無法入睡。當她指出他一再打電話來會打擾兒子的睡眠，他固執地置之不理。「他會說：『事情現在是關於我們！』」貝提娜．哈弗勒叮嚀兒子一個人在家的時候不要開門讓父親進來。她兒子由相熟的同學父母帶著一起去上學，貝提娜也告知這些父母她很在乎約拿斯要有人陪伴。從一月到七月她所收到的電話簡訊記錄著湯瑪斯．哈弗勒愈來愈嚴重的情緒困境，也反映出他太太愈來愈深的苦惱：

二〇〇二年一月二十九日，晚上七點三十二分：「我最親愛的貝提娜，我對妳做了什麼？我非常難過，請原諒我，原諒我……」

二〇〇二年二月二日，上午八點四十五分：「我最親愛的貝提娜，妳是我的一切，一直都是我的一切。別讓我這麼痛苦……畢竟妳也需要我。沒有我妳要怎麼撫養約拿斯？」

二〇〇二年二月十五日，下午兩點五十分：「約拿斯需要他的父親！」

二〇〇二年二月十六日，上午十點十四分：「妳算什麼母親，不讓我們的兒子有父親？妳把他變成了孤兒。」

二〇〇二年二月十八日，晚上十一點零五分：「妳的良心怎麼過得去？讓最愛妳的人這樣陷入絕望之中？」

二〇〇二年三月三日，午夜十二點二十八分：「少了你們，我的生命不再有價值。少了妳和約拿斯就沒有生活可言。」

二〇〇二年四月二十五日，晚上九點四十八分：「把我的人生還給我！」

二〇〇二年五月五日，晚上七點三十分：「哼，和別的男人在一起怎麼樣啊？比跟我在一起更好嗎？儘管告訴我！」

二〇〇二年五月六日，晚上十一點五十七分：「貝提娜！妳屬於我和約拿斯。我警告妳別做蠢事！」

這些苦苦相逼的接觸嘗試在三、四月間停頓了一段時間，這和湯瑪斯．哈弗勒自願住進精神病院有關。在他出院以後，他就繼續透過簡訊傳達訊息，絲毫沒有減少。從四月底、五月初開始，哈弗勒另外還寫信給他太太，並且晚上經常在他們自有住宅對面的街道上站上幾個鐘頭，觀察她是否有男性訪客。

他在五月十五日所寫的一封信裡這樣說：「我親愛的貝提娜，妳顯然就是不願意理解。妳和我屬於彼此，一如約拿斯屬於我們。我們曾經立下誓言要永遠相愛，妳不能就這樣逃走。沒錯，我是犯了錯，可是比起妳讓我們的兒子在沒有父親的情況下長大，一段短暫的外遇算什麼？比起我們的愛情，一時的歡愉算什麼？我不會讓妳就這樣把我一腳踢開！我不會允許這種事發生，妳看著好了。我全心全力為了我們共同的未來而奮鬥。妳和我，除此之外什麼都不要！……」

在五月廿日，哈弗勒把話說得更明白了：「……我不會允許妳獨自帶著約拿斯生活下去。沒有我，妳就沒有生活可言。妳懂嗎？別想拖時間，我的時間更長。」

在這之後，他還在學校前面把約拿斯攔下，向這孩子施壓，要他去讓他母親「理智一點」，於是貝提娜．哈弗勒聽從了好友的建議，設法取得了法院的「禁制令」。

在那段時間裡，家事法庭也在衡量這樁分手案件，因為要考慮是否要准許湯瑪斯・哈弗勒見他兒子。儘管有那些跟蹤情況，考慮到孩子的福祉，法庭允許湯瑪斯・哈弗勒每兩週可以接他兒子共度四小時。約拿斯一點也不喜歡這樣，因為如今他也害怕父親，覺得父親愈來愈緊繃易怒。可是他不敢表示反對，擔心這樣做會替自己或母親惹來更多麻煩。約拿斯和父親見面時總是會受到父親盤問，問他母親都在做些什麼、生活情況如何。

七月初，貝提娜・哈弗勒收到的一封信使她更加擔憂：「我親愛的太太！這是妳自找的。我將強迫妳得到和我在一起的幸福，因為妳顯然不願意明白這一點。妳和我彼此相屬，我們是約拿斯的父母，要不就是我們生活在一起，要不就是妳根本不要活下去！而我告訴妳，我是要活下去的！還是妳不妨想像一下約拿斯也許會出事？那會很可怕，對不對？讓人承受不了，對不對？我告訴妳，回頭吧！回到我身邊！否則就會有不幸的事發生。永遠愛妳的丈夫湯瑪斯。」

貝提娜・哈弗勒和父母及好友商量。她爸媽對於女婿的行為一方面感到憤怒，另一方面她母親也替湯瑪斯感到難過，問她女兒是否真的不想跟丈夫和解：

「他實在很努力想要挽回，我想他是真的很痛苦。」她說約拿斯畢竟也還小。但是貝提娜．哈弗勒對她丈夫就只剩下反感。她的好友建議她去控告他，認為應該把她丈夫關起來，可是貝提娜．哈弗勒覺得這樣做太過火了。她並不想做什麼來對付她丈夫，只希望自己和孩子能夠不受打擾。為什麼他要讓她的日子這麼難過？為什麼他無法體會她有多麼難受？

不同於貝提娜的母親，湯瑪斯的母親對於媳婦想離開兒子這件事有不同的反應。她兒子搬出自己家以後，在新的住處只撐了幾個星期就又搬回父母家住，因為他忍受不了寂寞。在父母家裡，他從此就只談他和妻子分開這件事，說他認為他太太的心腸硬得不合理。他母親伊芮娜卻站在媳婦那一邊，她很喜歡這個媳婦，責怪兒子為什麼要對自己的妻子不忠。

他的父母也無法說動兒子以明智的方式來處理破裂的婚姻。在休閒時間和他一起練習弦樂四重奏的幾個朋友漸漸不再和他往來。

當貝提娜．哈弗勒在七月十八日晚上帶著兒子回到家裡，她驚恐地撞見她丈夫，他趁她不在時從一扇半開著的窗戶溜進屋裡，在那裡等著他們。

隔天湯瑪斯．哈弗勒請了病假，他對妻子的騷擾又減少了。每兩天他會打電話來問問約拿斯的情況，除此之外就很安靜。然而貝提娜．哈弗勒還是揮不開那種不祥的預感，覺得她和兒子仍然生活在潛在的威脅中。很不幸，她的預感是正確的。

我去拘留所探訪湯瑪斯．哈弗勒。他看起來就和那棟辦公大樓的目擊證人所描述的一樣：體格經過鍛鍊，只是稍微有點矮，而且在這個新的生活環境中略顯憔悴。他一頭金色短髮，前額微禿，鼻樑上架著一副金屬框眼鏡，身穿有紅藍格紋的白色法蘭絨襯衫和深色牛仔褲，腳上穿著深色襪子和一雙黑色皮拖鞋。他右手上戴著婚戒，左手腕戴著一支高級手錶。他的目光專注，帶著一絲懷疑和不信賴，他直挺挺地坐在我對面的木椅上，我們之間隔著一張四角形的小桌子。他把一雙手連同下臂擱在桌面上，幾乎成直角，彷彿他是坐在一張會議桌旁，然後開口說道：「瞧，我太太弄得我現在落到什麼處境……可以再說一次妳貴姓嗎？塞美？這可不是德國姓氏。」

「對，這不是德國姓氏。」我友善地加以確認，但是不露情緒，碰到這種情況我一向這麼做。

接著我向他說明進行精神鑑定的條件，並且一開始就先問他是否准許我去索取他在四月就診時的醫師診斷書。他允許了。「妳顯然替這番談話做過準備。」他表示，而我很快就看出湯瑪斯．哈弗勒具有支配慾，即使在如今的處境中仍然想要完全掌控局面。

我問他，在開始談論他的生平之前，他是否想主動說些什麼，是否曾經考慮過他想在這番談話中說些什麼。

「我從來沒想到我會落到這樣的處境中。」

由於湯瑪斯．哈弗勒發現我真的願意花時間來聽他的故事，在談話中他漸漸變得比較平易近人，也放鬆了他的強勢態度。能夠把他的整個故事和他的觀點說給一個立場中立、不做評論的人聽，他反倒不無感謝之意。

要概述他在案發之前的生平很容易。湯瑪斯．哈弗勒出生於一九五四年，是個獨生子。他父親是魯爾區一家銀行的分行主管，母親是家庭主婦。湯瑪斯小學畢業後進入文理中學就讀，在學校的管弦樂團裡拉小提琴，後來一直定期和朋友組成私人的弦樂四重奏，直到那場婚姻悲劇發生。他的中學畢業考成績很不錯，然後服完了兵役，以二等兵退役。之後他也接受了銀行商務的職業訓練，但是沒能當上分行主管，因此就職位而言比不上他父親。

「事業對我來說其實沒那麼重要，我一向也想多留點時間給我的家人和音樂。不過，不管怎麼說，這還是有點令人失望，如果作兒子的沒有起碼升到父親的職位。」

「對誰來說是種失望？」我問。

湯瑪斯．哈弗勒沉吟了一下。「我想，對我父親來說，對我來說也是。本來作兒子的總是應該要強過父親，至少也不該比不上父親。」

哈弗勒曾經換過一次工作，因為他在同事當中感覺不愉快，並且覺得主管沒有給他應有的重視。他在目前任職的銀行機構服務已經超過十二年，直到他在這次病假期間遭到逮捕。在某種程度上，他對音樂的熱情就像是彌補了他在職場上的不如意。

他在十六歲時交了第一個女友，和她分手對他來說就已經很難承受。當她在和他交往了一年半之後為了另一個青年而離開他，有一段時間他還會打電話去她家找她，或是去站在她家門口，直到她的父母大力向他施壓，他才放棄。在那之後他有很長一段時間沒有女友，只再有過兩段關係，這些女子在情感上對他意義不大，和她們分手也是由他主動。三十三歲時他在一個好友家裡認識了他太太，照他自己的說法「相對來說晚了一點」，並且立刻愛上了她。

貝提娜個性開朗，擅於持家，腳踏實地，而且節儉，這一點對於在銀行工作的他來說很重要，而她則欣賞湯瑪斯．哈弗勒的果敢。他一向表現得很有自信，對自己和自己的人生有明確的想像，兩人對於教養子女的觀念也相似，於是他們在三年後結婚，兒子在一九九一年出生。由於懷孕過程十分辛苦，貝提娜和湯瑪斯都明白他們就只打算生這一個孩子。湯瑪斯．哈弗勒很高興有個兒子，對他很關愛，陪他一起玩，在孩子剛出生不久的那段時間他甚至會在夜裡起來替嬰兒換尿布。

隨著年紀漸長，哈弗勒注意到自己坐著的時間太長，又太少運動，於是加入了一家健身俱樂部，在那裡認識了一個年輕女子。起初他只是跟她調情，但是後來她對他的性吸引力太大，於是他展開了一段熱烈的婚外情。對妻子他則謊稱他在健身鍛鍊之後還有其他課程或是要跟朋友碰面。這種純粹只跟性有關的幽會持續不了太久，而他也知道這件事不會有未來，雖然這段婚外情維持了一年之久。

「在我成為父親之後我覺得自己老了。有了太太和小孩，這雖然是我想要的，但我也想再有些人生體驗，想知道我對其他女人到底還有沒有吸引力。要知道，我在婚前並沒有跟很多女人交往過，而有了兒子也讓人明白自己愈來愈老。那時候我心想，我的一生總不會就只有這樣吧。我的意思是，當時我才四十多歲！」

「和那個年輕女子的婚外情帶給了你什麼呢？」

「事後回顧，我會說那純粹就只是虛榮，就只是想證明自己對年輕女性也還有吸引力，證明我也還能夠擁有其他女人。就性而言那很刺激，正因為彼此之間不那麼熟悉。我不知道妳是否已婚，」哈弗勒停頓了一下，但是當他察覺我在等他說下去，他就繼續往下說：「我們的婚姻充滿了愛，也很美好，但是不再像剛開始的時候那麼令人興奮，如果妳懂得我這話的意思。」

最後他太太得知了這整件事，因為她在家裡讀到他手機上收到的一則簡訊：「今天不行。我會再打給你。附上溫暖問候，柯內莉雅。」她質問他：「柯內莉雅是誰?!」在那之後，他們的婚姻自然有好幾個星期情況不妙，但是湯瑪斯・哈弗勒表現出懊悔，一再道歉，經常送花給他太太，帶她出去玩，對於自己所犯的錯誤表示後悔，希望她能再給他一次機會，能夠原諒他。「我也知道自己做的事不對。我太太沒有錯，而我想要她原諒我。也許那時候我頭一次明白了我太太對我來說有多麼重要。」

不過，湯瑪斯・哈弗勒也向我述說了他的氣憤，氣他太太當時讓他央求了那麼久。「約拿斯三歲時，我和一個女同事有過短暫的婚外情，大概持續了兩、三個星期。當時我也讓我太太回心轉意了。可是這一次她真的是讓我心焦難安。畢竟我已經結束了和柯內莉雅的關係，也看清了我犯的錯。這樣也應該夠了。我覺得她太愛記仇，而且她也察覺到她的力量，好好運用了一番。她是想設法讓我知道她佔有優勢。可是我們男人就是這樣。」湯瑪斯．哈弗勒露出曖昧的眼神，把頭歪向一邊。

我想得知更多他在受到妻子鄙棄時的情緒感受。「基本上我知道我沒辦法一個人好好過日子。我交第一個女朋友時就是這樣了，當時我也戀戀不捨了好一段時間。」

「但你後來還是能夠設法割捨？」

「我惹得她父親很不高興，然後我對自己說，我還年輕，將來肯定還有機會。不過那的確很難。我也嫉妒她交了新男友，而我卻一個人被扔下。」他的身體姿勢仍舊挺直，但不再像一開始時那麼正式和緊繃。「如果我並不依戀對方，那麼就無所謂，可是如果我真的喜歡某個人，那就會很痛苦。那種痛苦齧咬著我，把我的心咬出一個洞，而我就覺得自己軟弱而且任人擺布。要承認這一點並不容易，但事實如此。而我太太當時盡情享受了我的這個弱點。」

他說如今他無法理解他對妻子所做的哀求何以都無濟於事。

「你能想像你太太為何表現得完全不願意和解嗎？」我問。

「基本上我沒法想像。我做的事當然不對，可是我道歉得實在也夠了，我對她卑躬屈膝……除此之外，在能力許可的範圍內，我也滿足了我太太的每個願望。我替家裡添置了各種設備，我們的日子過得很好。」

當我問起他心裡是否還有別的委屈，湯瑪斯．哈弗勒表示他對自己沒能當上分行主管感到遺憾與不平，雖然在專業上他絕對有這個能力。別人總是說他不適合帶領同事，但是他的看法不同。「現在當上主管的那個人甚至還沒有子女。我總是說：凡是有子女的人就也能夠帶領同事。」

在這番長達幾小時的談話中，我注意到他兒子在他的陳述中顯得毫不重要。湯瑪斯．哈弗勒會陪兒子玩，帶兒子去游泳，絕對不希望兒子在沒有父親的情況下成長，但是由於他殺死了這個十一歲男孩的母親，他卻恰恰造成了這個孩子如今只能在沒有親生父母的情況下生活，因為可以預期湯瑪斯．哈弗勒接下來這些年將身陷囹圄。更令人玩味的是湯瑪斯．哈弗勒在談話中想盡辦法將自己視為這樁家庭悲劇的真正受害者。當我問到他對審判過程有何期望，還有他怎麼看待自己的未來，他回答：「我但願法庭能夠真正了解我太太的態度對我造成的傷害。

我就只想要照顧約拿斯。他需要我。我不能在牢裡蹲上好幾年，而讓我兒子在沒有父親的情況下長大。」

「你這個願望我能夠理解。那麼你認為這個願望切合實際嗎？」

「我不知道。」哈弗勒表示懷疑地把嘴角向下撇，做了個聽天由命的手勢。

但我繼續追問。

「假設你有機會在外面照顧你兒子，你兒子又會有什麼感覺呢？」

哈弗勒訝異地看著我，沉默了許久，然後避重就輕地說：「我是他父親。」

「對，沒錯。我要問的是，你有沒有想過你兒子對於跟你這個父親之間的關係可能會有什麼感受。一方面你是對他關懷備至的父親，另一方面你卻槍殺了他的母親。」

「我還從來沒有考慮過這一點。」

在這番長時間的談話中，我們也仔細討論了那些威脅信件和簡訊。我提起湯瑪斯．哈弗勒在寫給妻子的信中威脅她兒子可能會出事的那一段。我提出的問題十分具體，而他回答：「是的，我的確曾經短暫有過那個念頭，想去傷害我們的兒子，以懲罰我太太。這樣一來她雖然還活著，但是她的人生卻毀了。可是我的人生也一樣毀了！而我兒子……不，他是完全無辜的。我不忍心這樣做，也很快就拋開了這個念頭，但我在信裡的確這樣寫過，因為我想要讓她害怕。」我又追問他是否具體地想過要他兒子怎麼死。「喔，我想過乾脆把他勒死。但是我沒有再往下想，我發現這個念頭讓我自己也不好受。」

他說他之所以去精神病院住院治療是因為他很難入睡，而且既受不了獨自生活，也受不了和他爸媽一起生活。他說他處理不了婚姻破裂這個尖銳的局面，覺得他需要放空一下。「我也沒有被隔離安置，因為我並沒有自殺的危險。嗯，我曾經短暫想到過自殺，但是很快就拋開了這個念頭，也沒有向醫生提起過。」他說和妻子分開對他來說是那麼痛苦，「就好像在意識完全清醒的情況下被人剁掉了一隻手。」

他所使用的這個意象一方面很露骨，肯定象徵著強烈的痛苦，但也象徵著一種懲罰手段，同時表達出他基本上把妻子視為自己身體的一部分，視為屬於他的一部分。「要知道，我在受苦！我由於和約拿斯分開而受苦，由於我的整體情況而受苦。發生了這一切實在糟透了！就連我母親都不諒解我。我總是被當成壞人，可是我真的愛我太太。我也不希望我兒子在那些教唆他討厭我的人身邊長大，我必須要照顧他。」

我問起哈弗勒他當初去搜索妻子住處那件事。「想到我太太躺在另一個男人的臂彎裡，想到我兒子會在另一個男人的身邊長大，這個念頭差點令我發瘋。」湯瑪斯．哈弗勒特別常去向和他一起奏樂的一個朋友哭訴，在六月時就曾說過，假如他太太不再活下去，他會比較好受。「我跟弗里茲說，假如她死了，我會比較好過。弗里茲聽了之後說我不會真的這麼想。但這的確是我當時的感受：假如我太太不再活著，我就不會這樣受苦。」

後來，他朋友在法庭上針對這件事接受詢問，說這句話當時把他嚇壞了。「可是我從來沒想到哈弗勒先生會開槍打死他太太。我以為他的意思是假如他太太就只是死了，那麼他的痛苦就不會那麼深。他很痛苦，可是我沒想到他是**那個**意思……」

我又問了湯瑪斯．哈弗勒一次，如今回過頭來，他會怎麼看待這整件事，會怎麼評斷整件事情的發展。

他似乎隱隱被激怒了：「這我一開始的時候就告訴過妳了。發生了的事很糟糕，這當然是一場災難。可是事情本來不必走到這一步的！」

「你認為你太太也有錯？」我問。

「唉，什麼叫做也有錯。這聽起來是那麼……嗯，這樣說吧：對於所發生的事，我們兩個肯定都有責任。如今我的責任肯定多過於她，這我承認，但是她也有責任。」

不過，真正惹得哈弗勒大怒的用語是「跟蹤騷擾」，當我拿他跟蹤妻子的行為來質問他。他說他進入妻子的住處並不違法，說那是他們夫婦的共同住所，所有權也屬於他們兩個。「跟蹤騷擾」這個用語只適用於全然陌生的犯罪行為人，他是為了心愛的妻子而奮戰的丈夫，而他輸掉了這一仗。因此，他認為禁止他接近妻子的那道禁令也是完全不通情理，而且愚蠢。

「如果妳也是站在我太太那一邊的話，那我們現在就可以結束這番談話。要不是沒有人能夠了解我，就是沒有人想了解我。妳顯然也不想！」他語帶攻擊。

「哈弗勒先生，我在這裡是以鑑定醫師的身分和你談話。我不是站在你這一邊，也不是站在反對你的那一邊。我不是站在你太太那一邊，也不是站在反對你太太的那一邊。這不是我的任務。我想從你口中得知你如何成為今天這個人，已婚，有個兒子，是個盡心的父親，也想得知你如何形塑自己與他人的關係。然後我就能理解，並且向法庭闡述從精神醫學的角度要如何將你在此案中的行為歸類，而非從法律的角度來看。因為你也曾接受過精神治療，所以必須釐清的問題是例如你在犯罪之時是否患有精神疾病，至少是按照法律所規定的特定標準來看。我不是為了對你或你太太做出道德判斷而坐在這裡。」說完我停頓了一下。「現在你是想繼續交談呢?還是想結束談話?」

最後他表示還是想繼續談話。他後悔地說：「我太太死了，這實在是場災難。我願意付出一切，假如我能夠把時間往回撥。要知道，我愛我太太！」他停了一下，嚥了一口口水。「我一直愛著她。發生了的事情很糟，這毫無疑問。如今四十八歲的我坐在這裡，和殺人犯、強盜和強暴犯關在一起，實在令人難以置信！」

在「我太太死了」這個說法中，他個人對犯行仍保持著距離。儘管如此，他當然明白自己犯下了可怕的錯誤。畢竟他太太並非莫名其妙地倒下來死掉，假如他沒有對她開槍的話，她如今大有可能還活得好好的。然而，在談話中，他對自己人生處境的抱怨要勝過對自己犯下過錯的認知，先是抱怨自己在殺人之前的處境，現在則抱怨自己在監獄裡的處境，另外還有一種對於懲罰的心滿意足，這份滿足就像傷心委屈那個大傷口上的一小塊OK繃。

在精神醫學上還要釐清的一點是哈弗勒是否真正曾經患有憂鬱症。在我所做的鑑定檢查中，我得出的結論是並未看出有憂鬱症的跡象，在他身上呈現出來的是精神科醫師稱之為「適應障礙」的現象，亦即一種暫時性的精神障礙，係重大生活改變所引起的反應。分手也屬於這種重大的生活改變。在臨床表現上會出現憂鬱的症候、恐懼、憤怒和絕望，有時也會引發暴力，在哈弗勒和妻子第一次大吵時就已經顯現出來，他攻擊他太太，用力搖撼她。當我後來收到那份醫師診斷書，我看見自己的診斷獲得證實：「自戀的人格特質」和「適應障礙」。

然而，要判斷責任能力卻並不取決於某人的不幸有沒有理由，而取決於由於疾病而導致欠缺生活能力的程度，取決於症狀有多嚴重，也取決於情緒與行為的控制能力在犯罪之時降低的程度，這是個關鍵性的問題。在此案中，哈弗勒從精神病院出院之後就又回去上班。在案發之前他請了三週病假，但是並未發現他有符合嚴格醫學標準的顯著憂鬱症狀。相反地，哈弗勒利用這段沒去上班的時間目標明確地準備去殺死妻子。他開車前往法蘭克福，在一個他平常並不熟悉的環境裡顯然表現得很有說服力，使得一個酒館老闆把他介紹給從事非法武器買賣的人。他和此人一起前往比利時，買下那把凶槍，準備好假扮成包裹遞送員以進入妻子的辦公室。他有能力自己開車前往那間辦公室，事後他開車到他兒子就讀的學校，在那裡沒有人覺得他情緒激動，校方只把他視為不受歡迎的家長。然後他住進一家休閒旅館。在他的人格結構中有十分顯著的自戀特徵，而他對親密關係的經營明白顯示出自我中心和佔有慾，可是在法律意義上來說，人格特質作為臨床症候只有在以重大方式損及整體人生的發展時，才被視同為疾病。而在生活正常的湯瑪斯．哈弗勒身上並沒有這種情形，在婚姻出現危機之前，他順利融入許多社會領域，擁有穩定的友誼和家人關係。哈弗勒能夠培養嗜好，在工作上有長年的雇傭關係，藉此他也得以建立起生活的經濟基礎。由於婚姻破裂，湯瑪斯·哈弗勒精神上不穩定，發現自己的人生規畫宣告失敗。儘管他自覺屈辱地表示懊悔，卻仍未能使妻子回心轉意，妻子能夠自作主張的能力使他深感受傷。

為了鞏固自我價值，必須除掉讓他不斷感到受傷的這個對象。對湯瑪斯·哈弗勒來說，比起想像妻子可能和另一個男人過著幸福的生活，而他卻承受著失戀的痛苦，殺死妻子這個念頭比較不那麼令人難以忍受。這就能夠解釋像湯瑪斯·哈弗勒這樣的人何以在特定的人生情境中可能會犯下殺人罪行。

他在犯罪之時仍保有控制能力，這一點可以從好幾件事情上看得出來，包括他做了長時間的縝密計畫以取得作案用的武器、假扮成包裹遞送員、事前一再宣告他的犯罪意圖，或者說一再表示他有意使用暴力讓妻子再回到他身邊。不過，哈弗勒肯定也在腦中一再認真考慮這個前景，在情緒上受到折磨。儘管如此，要判斷責任能力時，也總是要檢驗一個人在犯罪之時還有多少轉圜的餘地。一般說來，一樁罪行事前經過計畫的程度愈高、愈複雜，就愈表示犯罪行為人仍保有控制能力（撇開少數例外不談）。然而，還是得針對具體的個別情況來做出鑑定。

例如，我記得一個很可以拿來相比較的案例，在整件案情中只有一點不同。那個兇手有好幾個月的時間由於分手所造成的精神折磨而請病假（有醫師開具的病假單為證），變得幾乎沒有生活能力。他周遭的人也描述了他的精神有顯著的變化，儘管他所犯的罪行也經過周詳的計畫，他因為有「病理之精神障礙」而顯然有減輕罪責的理由，最後法庭也據此做出判決。也就是說，單是犯行經過周詳計畫，這件事本身並不能完全排除控制能力減損的可能性，因為在特定情況下，不斷思索犯行的進行可能會達到病態的程度。

適應障礙有可能會轉為嚴重的憂鬱症，而憂鬱症足以被評估為減輕罪責的理由。不過，在這種案例中，嚴重憂鬱的症狀也能明顯被周遭的人看出來。憂鬱症患者無法再處理個人事務，不再有動力，幾乎不再吃東西，有時也忽視了自己的身體外觀，就只還會鑽牛角尖，自己的人生在他看來毫無指望。他不再能感受到喜悅，不再能培養出興趣。分手的痛苦是嚴重憂鬱症患者無法再感受到的一種強烈情緒。

湯瑪斯．哈弗勒由於謀殺罪而被判處無期徒刑，但法庭並未判定犯罪情節特別重大。法庭在判決理由中闡述了這樁犯行的情緒動機，並且的確認為湯瑪斯．哈弗勒內心受到折磨。至於必須由精神科醫師出具證明的適應障礙，法庭則判定為並未嚴重到能作為控制能力減損、甚至是喪失識別能力的理由。

此外，法庭還想知道從精神醫學的角度來看，他對於兒子是否仍有危險性。假如湯瑪斯．哈弗勒能夠出獄，屆時他兒子就已經二十六歲了。在他太太還活著時，他想傷害兒子的想像只是間接的，亦即作為懲罰妻子的手段。如今他太太已經死了，因此也就沒有必要再去傷害兒子。純粹為了讓孩子的父親或母親飽受痛苦而殺死自己的子女，這個動機根據希臘神話故事而被稱為「美狄亞動機」。根據古希臘劇作家歐里庇得斯所述，美狄亞為了報復變心的丈夫伊阿宋，不僅毒死了他的新歡，也殺死了自己和丈夫所生的子女。

這件個案是所謂「前伴侶跟蹤騷擾」之潛在風險的典型例子。在所有的跟蹤案例中，大約有半數屬於這一類，而且就跟陌生人的「虐待型跟蹤騷擾」一樣屬於風險最高的跟蹤形式。在哈弗勒夫婦這樁案例中，直到分手階段才首次出現了對妻子的身體攻擊，更常見的情形則是在兩人原本的關係中就經常有一方施暴。

在哈弗勒的案例中，從簡訊和信件內容的發展以及後來他擅闖妻子住處一事可以看出一個不斷上升的「衝突螺旋」。此外，哈弗勒在分手的痛苦中很早就已經提過假如他太太死了的話，他會比較好過。在此一案例中，希望妻子死亡的抽象願望發展成愈來愈具體的念頭，想要親手殺死妻子。起初他只是懷著敵意想像妻子最好是倒地不起，作為一種情緒上的補償，然後他有了殺死自己孩子的念頭，以作為對妻子的終身懲罰，最後他有了愈來愈具體的念頭，想到如果他能親手為了她的行為而懲罰她，他心裡會有多麼舒坦。就這樣，但願妻子死亡的模糊願望變成了具體的殺人想像，然後成了具體的犯罪計畫。

就「前配偶跟蹤騷擾」而言，殺人念頭的宣布正是必須認真看待的風險因素，如同湯瑪斯．哈弗勒在寫給妻子的信中所做的愈來愈強烈的暗示；尤其是當凶手之前就已經有過人身侵犯的行為，或是未經許可就闖入被害人的住處。就此而言，在哈弗勒夫婦身上早已可以逐漸看出一種嚴重的潛在風險。而這種悲劇絕對不是只會發生在被稱為「社會弱勢」的環境中。作為基礎的關係動態和社會弱勢與否毫不相干。

在此一案例中，我們可以端出罪責原則，納悶湯瑪斯．哈弗勒對於遭到拒絕的反應何以如此極端，尤其分手的緣由分明是他自己造成的。可以說，深感受傷的人不該是他，而該是他太太。這個觀點對於了解此案的案情並沒有幫助。這類悲劇的形成是由於夫妻中持續遭到拒絕的一方在對伴侶的自戀式佔有慾中自覺受到傷害。儘管他一再道歉、贈送禮物、承認犯錯，都沒有能夠使配偶回心轉意，從而失去了對配偶的影響力。由於其自戀性格，他愈來愈覺得他的認錯是種屈辱，是貶低了自己。這升高了他的怒氣，伴隨著破壞慾和懲罰對方的願望，最後導致了犯罪的決心及犯行本身。然而，在配偶的拒絕中，這個心裡受傷的人主要感受到的是自己的軟弱、自己內心的依賴、自己無法在少了對方的情況下過得幸福。湯瑪斯．哈弗勒鮮明而貼切地描述了那份痛苦以及繼之而來的無助：彷彿他被剁掉了一隻手。

一再有人問我，我會不會懷著憤怒和輕視來面對被鑑定人。可是身為人類，我們所表現出的所有行為最終都源於我們的天性。想要了解嚴重暴力行為的產生背景，這種強烈的興趣肯定有很多面向。這些暴力行為讓我們知道人類基本上能做出何種錯誤行為和錯誤決定，在個別情況下，我們在生活中所遵循的規範與價值體系是多麼脆弱。已經把文明地共同生活的價值觀與規範內化了的人怎麼會去殺人？在何種成長條件下，這些價值觀與規範甚至根本不曾被正確傳授，也沒有對孩子產生約束力？孩子需要什麼，才能夠長大成為心理健全、關心別人、能夠承擔壓力的成年人？基本上每一個案例都提出了那個沒有說出口的疑問：我也可能做出這種事嗎？我可能會落入這樣的處境嗎？我甚至認為大眾對犯罪案件和偵探小說、偵探影集的興趣正是與此有關。讀者或觀眾看到一個陌生人的命運，並且能夠隔著適當的距離和自己做比較：假如發生在我身上會是如何？我能夠理解這個犯罪的人嗎？我是否因為自己具有與他相同的性格特徵而感到厭憎？

有一些犯罪行為是幾乎每個人都會說他無法體諒的，但是在雙方的離婚意願不對稱時殺死配偶這種情況就另當別論。因為這種殺人行為也會在鮮少發生暴力事件的環境裡發生，而凶手來自社會的中產階級。

另外還有一點：由於我們自己不是被害人，而是旁觀著陌生人的命運，因此我們彷彿受到上天眷顧，即使我們平常並不覺得自己格外幸運。由於我們過得比故事中那些人來得好，自然而然向我們證實了我們的運氣相當不錯。

努力理解暴力犯罪行為的心理過程不表示把嚴重的犯罪行為相對化。我們每個人都知道我們不能殺人，不管是出於嫉妒、貪婪還是其他原因。司法精神醫學以及在監獄機構之社會治療部門工作的心理治療師都致力於治療暴力犯罪行為人的犯罪根源，以使他們有能力去過能被社會接納的生活。

隨著這些年來的工作，我愈來愈明白，撇開嚴重的精神障礙不提，在日常生活的具體行為層面我們固然在很大程度上要對自己的行為和生活狀況負責，決定我們是否要上學，要學習一技之長，努力不要酗酒和吸毒，規劃自己的人生，朝著目標前進；但是在更高一層的意義上，我們所運用的是命運在早年賦予我們的性格和能力。我們會長成什麼樣的人，取決於遺傳天賦、父母之情緒能力以及社會心理與社會文化之影響的交互作用，這種交互作用極其複雜。我在本書中向各位敘述的就是格外能彰顯出這一點的案例。而在一九四五年後出生的世代還額外獲益於在六、七十年間幸運地沒碰到過戰爭。盧安達的兒童士兵所看到的世界就截然不同。因此，如果我們工作勤奮，努力克服人生的困境，接受挑戰，在職場和家庭裡扛起責任，這些能力並不是我們自己選擇的，而是由既有的天賜條件所培養出來的。在我看來，說到最後，掌控自己人生的能力是一份天賜的禮物。因此，我認為人類有著共同的根。基本上，在我們自己和那些我們必須譴責的人之間，僅有一線之隔。

他反正已經死了

瑪莉亞．策特勒多年來都替約瑟夫．葛拉夫坎普打掃他的自用住宅，七十七歲的他是退休的數學兼歷史教師，住在不來梅，妻子很早就過世了。葛拉夫坎普患有風濕，而且有點重聽，但除此之外還算硬朗，尤其十分認真地維持著和朋友一起打橋牌的習慣。就和每個星期三上午一樣，瑪莉亞．策特勒在九點左右用鑰匙打開房門，當她把鑰匙插進鎖孔，人還站在門外台階上時，她就注意到門框的木頭有三處被人用某件尖銳的東西撬壞了。

她感到不安，心想一定是夜裡有竊賊試圖闖進屋裡，待會兒她就會提醒約瑟夫．葛拉夫坎普，如果他自己尚未發現的話。然後她注意到整棟屋子窗外的遮光捲簾都尚未拉起。這不太尋常，因為約瑟夫．葛拉夫坎普習慣早起。也許是他生病了，沒法起床？門上雖然有被人撬開的痕跡，卻還是好端端地鎖著。她轉動鑰匙開了門，踏上長長的走道，隨即發出一聲尖叫。約瑟夫．葛拉夫坎普躺在走道地板上，被人用他的灰色羊毛圍巾給勒死了，臉孔浮腫泛青。

「天哪！」她喊了一聲，然後跑向電話，用顫抖的手打電話報警。

等到警察抵達，她作了內容有限的陳述，並且強調她想不出有誰可能要對這椿暴力死亡事件負責。約瑟夫·葛拉夫坎普過著深居簡出的生活，他們夫妻也沒有子女。

「每天晚上七點左右他上樓去看電視的時候，他就會把遮光捲簾全部放下來，就算是在夏天裡也一樣。」這時是六月，因此晚上七點時天還亮著。在二樓的電視間擺著一架電視，葛拉夫坎普看電視時會戴上耳機。「他重聽，鄰居曾經抱怨過他電視開得太大聲，於是他就買了一副耳機。」

警察仔細檢查屋子，注意到走道上那個小櫃子和客廳裡兩個五斗櫃的抽屜、廚房裡的抽屜、還有二樓的衣櫥都敞著，或是沒有完全關上。除此之外一切都很整齊。

「他一向把家用金放在廚房水槽右邊的抽屜裡。」女管家告知前來的刑警。然而那個印有姓名縮寫J. G.兩個字母的深棕色男用皮夾不見了。瑪莉亞·策特勒也不知道皮夾裡有多少錢。除此之外還少了什麼嗎？瑪莉亞·策特勒隨同警察把每個房間都再檢查了一次。客廳跟平常有點不同，可是不同的地方在哪裡呢？最後她想起來了。

葛拉夫坎普在那張苔綠色的絲絨沙發上放了一條駝毛毯子。那條毯子原本是他太太的，她總是覺得冷。在她去世後，他基本上沒有更動過家裡的陳設，可是現在毯子不見了，他的銀製雪茄盒卻仍擺在小茶几上沒動過。作案者的目標顯然並非能夠變賣的家用器具。

那麼，首飾呢？葛拉夫坎普把妻子的首飾收在臥室床頭櫃的抽屜裡，幾枚鑲著半寶石的金戒指、兩條金手鍊和一串珍珠項鍊。所有的首飾都還在。

因此，可以確認的是：少了的東西是那個可能裝著錢的皮夾，還有一條毛毯，至於少了的這條毛毯究竟和案情有無關聯，這一點並不確定。而葛拉夫坎普躺在走道上，被人用他自己的圍巾勒斃。遮光捲簾都仍未拉起，房門則好端端地鎖著。

此案於二〇〇一年六月發生於不來梅，有一年半的時間都未能偵破。

二〇〇二年十月中旬，當地一所中學的某個班級隨著生物老師到貝格多夫森林去做校外教學。三個男同學湊巧發現了一臺破爛生鏽的露營拖車，玻璃有部分是不透明的，窗玻璃少了一塊，被人用塑膠膜封住。那是個殘破簡陋的住處，有點嚇人，很難想像會有人住在裡面。那幾個男生就在這臺古怪的露營拖車附近發現了一個棕色男用皮夾，裡面有一張身份證、一張健保卡和一張金融卡，持有人的姓名是約瑟夫．葛拉夫坎普。這幾個機靈的男生帶著他們發現的東西去找老師，老師決定把皮夾帶著，等校外教學結束後帶著尋獲皮夾的同學一起前往警察局，把皮夾交給警方。也許曾有人因皮夾遺失向警方報案，也可能是失竊了。

接下來事情的進展十分快速。警方發現那個皮夾是二〇〇一年遇害的約瑟夫．葛拉夫坎普所有。於是刑警找到了二十九歲的拉爾夫．寇瑟巴赫，他這幾年來就住在那臺廢棄的露營拖車裡，警察找上門來的時候，他剛好在那兒。車裡亂七八糟地堆著空水瓶、空啤酒瓶、麵包殘餘、食品包裝袋、牛奶盒、由於缺乏保養和長期著用而破爛的衣物、以及其他廢棄物，而在這片凌亂中，也出現一條駝毛毯子，只不過已經不太乾淨了。警察嚴重懷疑拉爾夫．寇瑟巴赫一年半前在不來梅那個退休老人的家裡殺死了他。

那幾名刑警立刻注意到拉爾夫．寇瑟巴赫在與人接觸時情緒上完全沒有變化，回答問題時簡明扼要，惜字如金。他聽得懂所有的問題，也沒有顯得不知所措或迷惑不解，但是他的語氣單調，情緒表達毫無變化，甚至完全無動於衷，面部表情顯得漠不關心。拉爾夫．寇瑟巴赫也很快就承認他殺死了那條駝毛毯子原本的主人。

由於這種無動於衷引人注目，負責此案的檢察官決定讓拉爾夫．寇瑟巴赫接受精神鑑定，判斷他是否具有責任能力。那位年輕的女檢察官在電話裡說：「在我看來他不是正常人。我從來沒有見過這種情況。」

於是我拿到了檔案，裡面有那輛殘破拖車的照片、皮夾與內容物的照片，甚至還有那條毯子的照片。此外還有驗屍報告，最後則是審問被告的偵訊筆錄，出奇簡短。

我在看守所的醫療區見到拉爾夫．寇瑟巴赫，供鑑定專家所使用的談話室就位在該區。

一如檔案中的描述，寇瑟巴赫十分平靜，難以接近，冷淡，但也不能說他完全缺乏興趣。他尤其沉默寡言，幾乎每個問題都用一、兩個字來回答，而非用完整的句子。

「在談話開始時，你有沒有什麼重要的話想要先說？」

「沒有。」

「當你想要休息一下的時候，請跟我說。」

「好。」

接下來的談話進展得同樣緩慢。儘管基本上能得知的訊息相當有限，我仍然重視我與拉爾夫．寇瑟巴赫共處的時間，耐心而專注地等待他做出簡短的回答。而我從他口中得知了些什麼呢？拉爾夫．寇瑟巴赫出生於波昂。他和三個哥哥、兩個弟弟、一個妹妹的生長環境對於國內大多數人來說可能很難想像。父母親都嚴重酗酒，幾乎完全不照顧自己的七個孩子。當我問及他父母和兄弟姊妹的年紀，拉爾夫．寇瑟巴赫答不出來。

「沒人跟我說過。」

那麼遇上有人過生日，在家裡是怎麼過的呢？

「沒有過生日。」

「小孩也不過生日嗎？」我問，想在鑑定報告裡更具體地說明他父母家的生活情況。

「不過。」

母親對於照顧孩子感到不勝負荷，父親也一樣。父母親都沒有工作。「他們只會喝酒。」

我該如何想像他們的居住環境？

「垃圾山。亂七八糟。」

誰來張羅食物？「沒有人。」寇瑟巴赫停頓了一下。「有時候是母親，有時候是鄰居。」

他覺得鄰居家的氣氛怎麼樣？

「比較好。」

「哪裡比較好？」

「就是比較好。」

「比較整潔嗎？」

「對。」

「誰來洗衣服？誰負責照顧你們兄弟姊妹洗澡？」

「衣服有時候母親會洗。偶爾。不然就是我們。」

「那，你們的休閒時間呢？」

「電視機一直開著，如果我們有電的話。但是我們不總是有電。」

我問他兒童福利局是否曾經出面干涉。

「我不知道。十二歲的時候我進了教養院。」

拉爾夫·寇瑟巴赫小時候經常由於在超市偷拿食物而引起注意，他會偷蘋果、麵包、牛奶、香腸等等。他是否也曾偷過糖果呢？「沒有，我不喜歡。」

然後我問他在教養院裡待了多久。

「到十六歲。」

「你讀完了中學嗎？」

「有，在教養院。基礎職業中學。」

他覺得在教養院裡那幾年過得如何？「比較好，好多了。」

哪裡比較好？「比較不亂。」

「有哪些地方不太好嗎？」拉爾夫・寇瑟巴赫聳聳肩膀。

「和其他青少年之間的接觸呢？」

「很少。」

由於他態度冷淡，他被嘲笑為怪胎。「這會令你難受嗎？」

拉爾夫・寇瑟巴赫抬了抬肩膀。「我寧願自己一個人。這樣比較好。」

「逃過學嗎？」

「何必？也有作業要寫。」

當時寇瑟巴赫就已經會去偷鉛筆、簿子等學用品。「反正東西都擺在那裡。」

「可是你知道東西不能隨便拿嗎？」

「我需要用。」

家裡有暴力行為嗎？「只有父親會。」

談話就這樣一字一字、一句一句、一個問題一個問題地拖下去。

拉爾夫．寇瑟巴赫在椅子上坐得很挺，幾乎一動也不動，把兩隻手擱在椅子的木製扶手上，始終無動於衷，外表平靜，面無表情，語氣單調。他直視著前方，沒有流露出情緒，就事論事，沒有人與人之間的互動。

從教養院裡出來之後，拉爾夫．寇瑟巴赫起初又回到父母家，但後來終於逃離了家中的環境。那時他的兩個哥哥也在坐牢，一個是由於身體傷害罪，另一個是由於侵入住宅竊盜。接下來有一段時間寇瑟巴赫過著流浪漢的生活，浪跡全國各地。

後來在這番鑑定談話中我也問起他的性經驗。拉爾夫．寇瑟巴赫曾經去找過一次妓女。他又聳了聳肩膀。

「那不怎麼……她太多話。」所以他就也只去過一次。

「就只有一次？」

「對。」

要如何總結拉爾夫．寇瑟巴赫在試圖闖入約瑟夫．葛拉夫坎普家裡那一天之前的生活和成長過程？

拉爾夫・寇瑟巴赫生長在一個大家庭裡，成長時完全被人忽略，也完全忽略別人，個性孤僻。他沒有和父母或是兄弟姊妹發展出情感關係，一如他的父母和子女之間也沒有發展出任何情感關係，只是任由子女在他們身邊自生自滅。拉爾夫・寇瑟巴赫能夠以縮減至基本內容的表達方式明白說出，他小時候就能看出家庭環境的差異，而且在家裡覺得不自在。從小拉爾夫・寇瑟巴赫就看出他必須藉由偷竊來維持生存。道德考量對他來說毫不重要。他說：「我不在乎。反正我什麼都沒有。」

中學畢業後，拉爾夫・寇瑟巴赫的生活起初毫無改善。他四處流浪，靠著偷竊度日，因此多次進出監獄，但是入獄的時間都不長。後來他停留在基爾，在一家洗車廠找到一份打雜的工作。

談起這個出人意料的人生轉折，在流浪多年之後去找工作，而且也順利找到，他說：「不能再那樣繼續過下去了。」他住在一間男子宿舍，在幾週之後甚至得以搬進他老闆院子裡的一間小屋，在那裡第一次感到自在。他領到一份微薄的薪資，外加顧客給的小費，而且無須跟別人多說什麼不必要的話。那很完美。於是這份工作他做了兩年。然後他老闆交了新女友，她也加入了洗車廠，而她排斥拉爾夫．寇瑟巴赫，因為他的沉默寡言和面無表情讓她覺得難以捉摸，雖然他其實並沒有做什麼可讓她抱怨的事。她堅持要她的新男友和寇瑟巴赫分開，於是有一天老闆把他叫去，告訴他如今不能再使用院子裡那間小屋，他還可以再工作一段時間，但是老闆新女友的弟弟也需要工作，而洗車廠不夠大，沒法雇用太多人。寇瑟巴赫明白老闆的意思，馬上就離開了。

「你為什麼不去租個房間，然後繼續去上班？」

「我不必等別人趕我走！」

於是寇瑟巴赫就又失去了工作，也失去了住處。他也沒有去找勞工局，沒去申請社會救濟。「我沒想到這事。」

他有時會睡在公園長凳上，但主要是睡在樹林裡，在樹林裡他更能確保夜裡能夠獨處而不受打擾。偶爾他在墓園或公廁裡洗澡。等他用完了微薄的積蓄，他又開始偷竊。他在德國北部到處遊蕩，最後在貝格多夫森林發現一部停在那兒的老舊露營拖車，已經相當殘破，他就佔用了這部車。他在商店行竊的罪行使他再度入獄，直到他殺死約瑟夫・葛拉夫坎普之前四個月才服刑完畢。當寇瑟巴赫感到單靠偷竊每日所需的日用品沒有什麼前途，他考慮闖入幼稚園、學校和工作坊去偷錢，把他的活動範圍又擴大到基爾、漢堡和不來梅之間。沒住在那部拖車裡時，他就在樹林或公園裡過夜，而他偏好樹林帶給他的那份寧靜。

「你考慮過再去找一份新工作嗎？」

「上哪兒找？」

「原來那份工作不也是你去找的嗎？而且找到了？」

「我沒有興趣了。」

別人不想要他，所以他也就哪兒都不去。這是他的思考邏輯。

「為什麼你總是只在夜裡闖入那些地方行竊？在白天裡你說不定還能偷到工作人員的錢？」

「我不想遇到別人。晚上就只有我一個人。」在交談了幾個小時之後，他回答時稍微用上了較長的句子。

可是約瑟夫．葛拉夫坎普那樁命案又是怎麼回事呢？一個平常想盡辦法避開別人的人怎麼會去勒死一個老人？

寇瑟巴赫對此事所做的敘述是我在類似案件中常聽見的：

二〇〇一年六月，他在傍晚過後湊巧經過約瑟夫．葛拉夫坎普的房子。外面天色還亮，可是遮光捲簾卻已經放下來，因此看起來像是屋中無人。

「後來呢？」

「於是我就等到晚上。意思是等到天黑。」他說那間屋子仍舊黑漆漆的，讓他以為屋裡的確沒有住人。「我心想，那我就來試試看吧。」他說。

「為什麼你從闖入學校和社團改成闖入獨戶住宅？」

「因為那間房子看起來沒有人。」

「這一點你是怎麼確認的？」

「窗戶上的遮光捲簾明明全都放下來了。而且那時候天還沒黑。」寇瑟巴赫敘述他去按了兩次門鈴，以確認是否還是有人在家，可是屋裡毫無動靜。寇瑟巴赫並不知道重聽的約瑟夫．葛拉夫坎普在樓上看電視，由於他戴著耳機，根本沒聽見門鈴響。接著他試圖用螺絲起子把門撬開，卻發現那並不容易。忽然，約瑟夫·葛拉夫坎普冷不防地把門打開，對他吼了一聲，大概是：「你在這裡做什麼?!」

「我把那個人推回去，進了屋裡，而那人繼續大吼大叫。我把他推倒在地上，勒住他的脖子，然後我看見掛在牆上的圍巾。於是我拿了那條圍巾，綁在他脖子上拉緊，然後就安靜了。」

「你拉緊了多久的時間？」

「我不知道。我要他安靜下來。也許是五分鐘吧。」

「如果你用圍巾勒緊一個人的脖子五分鐘，那人就會死掉。」

「我不知道。我沒有去想這件事，我只想要他安靜下來。」

「如果你闖進一間住宅，那你一定也考慮過萬一出乎意料地遇到了人，你要怎麼辦？」

「我沒想過。」

「你為什麼沒有跑走？」

「因為他在大叫。我不想再去坐牢。」

「你當時覺得生氣嗎？」

「有可能。」

我問他在什麼時候察覺那人死了？

「等他安靜下來，我就去屋子裡搜。」

他為什麼沒有馬上逃走？

「反正他已經死了。」

「也就是說，儘管情況改變了，你還是想要利用這個機會？」

「對。」他在廚房裡找到一個大皮夾，裡面有五百馬克。他沒有在屋裡找到更多的錢。

「首飾呢？」

「我要首飾幹嘛？」

但是他注意到客廳裡那條厚毯子。那可以說是他發現的，而且對他來說很有用處，因此他把毯子也帶走了。

「警察在審訊時問過你是否對你所做的事感到遺憾？」

「不，我不覺得遺憾。」

「為什麼？」

「我又不認識那個人。」

於是寇瑟巴赫讓那個被勒死的老人躺在走道上，利用這個機會不受打擾地在屋裡搜尋金錢，沒找到很多，但畢竟找到了一些，然後他就走了。

「房門是好好鎖上的。」我追問。

「我在走道上看見了鑰匙，就從外面把門鎖上。我不希望馬上就被人發現。」

案發之後寇瑟巴赫還在不來梅停留了幾天，後來就又四處遊蕩，然後返回他的露營拖車。

「為什麼你把皮夾扔在那裡？」

「錢用完了。其他的東西我不需要。」

那麼，從精神醫學的角度來看，能確認些什麼呢？如同我根據檔案中的審訊筆錄已經推測出來的，拉爾夫．寇瑟巴赫具有嚴重的「孤僻型人格違常[1]」。著名的精神科醫師尤金・布魯勒（E. Bleuler）早在二十世紀初就已經十分貼切地描述過「孤僻型人格違常」：「孤僻型人格違常者顯得面無表情，難以捉摸、冷淡或無情。他們可能沉默寡言，若是表達想法，就毫不在乎會讓旁人有什麼感受。他們可能顯得麻木而漠不關心，或是顯得緊張易怒……」[2]這正是拉爾夫・寇瑟巴赫在談話中給人的感覺，他欠缺悔意，全然無動於衷，面對別人時面無表情、冷淡、捉摸不透。他沒有心理準備會遇到那個人，對方的尖叫對他來說就已經流露出過多的人類情感。那人發出吵鬧聲，可能會使他形跡敗露，那人就只是個干擾，所以得讓那人安靜下來，得把那人除掉。

寇瑟巴赫仍舊完全依照具體發生的事來作陳述，對於自己所犯罪行的敘述異樣地無動於衷，在實際層面「合乎邏輯」，卻少了一種人際關係的層面。

1 編註：Schizoide Persönlichkeitsstörung，舊譯名為「類分裂型人格違常」。

2 作者註：此段引文出處：Eugen Bleuler, Lehrbuch der Psychiatrie, 15. Aufl., neu bearbeitet von Manfred Bleuler. Berlin, Heidelberg, New York 1983, Seite 577

布魯勒又說：「在好的情況下，孤僻型人格違常者的性格表現為個性堅毅……在不好的情況下則表現為不體諒別人、頑固、自私、不合群……甚至是殘忍。」[3]

「孤僻型人格違常」的特徵為在人際關係中保持距離，以及對感受的表達能力有限。一如所有的人格違常，其源頭可以一直追溯到少年時期。這種人對於人際關係、友誼、情感關係不感興趣，他們獨來獨往，對於嗜好或其他活動也少有興趣。他們沒有知心好友，也不傾訴心聲，有時也會由於觸犯了規範和規則而引人注意，例如在此案中拉爾夫．寇瑟巴赫由於多次偷竊與破門盜竊而引人注意。由於這種人本身並未因其性格而感到痛苦，他們很少會去接受治療。他們的精神障礙可以用一句強烈簡化了的話來總結，就是旁人在情感上不能帶給他們什麼。不同於自戀型的人會衡量別人對他們的用處來選擇交往的對象，在這個案例中，「不能帶來什麼」意味著在情感上旁人可以說是不具有「營養價值」。

由於幼兒時期嚴重受到忽視，親密關係人對他的動靜和需求沒有做出反應，他從而發展出一種完全的自我中心。在他的經驗中，與旁人的接觸很早就是完全冷淡、不帶情感。而「不能帶來什麼」的東西就也可以放棄。其原因在於自小就缺少安全感和關注，一如在拉爾夫．寇瑟巴赫身上由於父母嚴重失職而產生的狀況。對於早年在情感經驗上的缺乏，他的反應就是堅決避免與人建立關係。

目前，現代的神經生物學能在醫學與自然科學的基礎上證明生活背景條件以何種方式影響了大腦的成熟，甚至控制個別基因的活化模式，這些基因對我們的情感經驗與行為具有重要性。一直以來，世人習於帶點輕蔑地認為精神科醫師把每一種人性過失都歸咎於不幸的童年。然而，多虧了神經科學，這兩者之間的交互作用逐漸得到了證明。在這件事上，本身的遺傳傾向以及我們成長時的生活背景條件一向扮演著重要的角色，而且在生下我們的父母身上就已經是如此。例如，一個基因在血清素代謝中的特定變體（血清素是一種大腦神經傳遞物質），就可能導致一個小孩比起該基因為另一種變體的小孩更難安撫。而這些難以安撫的小孩就對他們的父母有特別的需求。可是，如果母親在心理平衡和情緒調節上

3 同上。

也有顯著缺陷，那麼這兩種不利的影響因素就會彼此強化，日後將影響孩子的社會行為與依附行為。一再出現的早期社會經驗會使得腦部神經網路產生結構性的改變。當心理還算健康、尚稱具有社會能力的人和幼兒互動，就自然而然會強化幼兒的情緒表達能力，幼兒就這樣學會察覺並表達各種情緒。如果父母親完全冷淡而且疏忽孩子，孩子就學不到這種表達情緒的模式。孤僻型人格違常者並非完全沒有情緒，但卻缺少察覺與表達情緒差異的能力。

整體而言，「孤僻型人格違常」相當罕見，在司法精神醫學的診斷中也只佔一小部分。「孤僻型人格違常」在全部人口當中出現的頻率大約與思覺失調症相當，約為百分之一，但是兩者之間並沒有什麼關聯。

不過，孤僻型人格違常者大多不會做出犯罪行為，這本是他們避免跟別人接觸的自然結果。然而他們若是成為罪犯，那麼由於他們在情感上無動於衷、對旁人不感興趣，他們就有犯下殘忍罪行的危險。

前述這個案例就相當具體地說明了這一點。殺戮之所以發生，是因為一個人對另一個人原本想做的事情構成干擾。犯罪行為人原本並未計劃要犯下這樁罪行，反而藉由小心地觀測屋裡是否有人而想排除犯下這樁罪行的可能，可是犯下這樁罪行也並沒有嚇到他、讓他立刻逃走並且放棄原本的作案意圖。既然對方反正已經死了，寇瑟巴赫就利用了那個機會，所遵循的邏輯是：「既然我都已經在這兒了……」遺憾或惋惜對他來說在情感上毫無意義。何必感到遺憾？他又不認識被害人，為什麼要感到惋惜？再說，那人為什麼要這樣對他大吼大叫？那個老人是個會使他形跡敗露的風險。犯罪行為人在犯罪當下的情緒比較像是懷著一股怒氣，氣被害人出人意料地出現。

偶爾我們會在一小群性犯罪者當中發現具有這種人格違常的人，亦即性犯罪殺人犯，他們由於犯下特別殘暴的罪行而引人側目。如果這類罪犯被法院判處安置在司法精神病院裡，那麼我得坦白地說，精神醫學在過去這十五年來的發展使得醫生在做可出院預測時極其審慎，按照慣例，這意味著這一小群人會長久生活在上鎖的門後。

大眾肯定不太知道司法精神醫學在過去這幾十年來經歷了一種發展：心理治療曾經主張每個人都可以被治癒，認為治療對每個人都有幫助，這種既狂妄又錯誤的基本態度已經由更切合實際的評估所取代，病患和社會都能從中獲益。當然，具有顯著「孤僻型人格違常」的人有時也正是因長期待在治療的環境中，而獲益於周遭的規律、可靠和秩序。

拉爾夫．寇瑟巴赫由於在責任能力顯著降低的狀態下殺人而被判處十二年徒刑，並且被安置在司法精神病院裡。在他身上的「孤僻型人格違常」被評估為「其他嚴重之精神異常」，針對犯罪情節本身，法庭則認定他的控制能力顯著降低。然而由於導致犯行及促成犯行的人格違常仍舊存在，就滿足了安置於司法精神病院的先決條件。對於那些具有這類嚴重人格違常的人，他們被安置在司法精神病院的時間預計會比法院所判處的徒刑時間還要更長。然而，如同前文中所說，經過多年的密集心理治療，這些在人際關係能力和情感發展上嚴重受損的人能從中獲益，不必再擔心他們會做出嚴重的暴力犯罪行為。不過，在個別情況下，這也表示有著安全生活空間的司法精神病院將成為這類病患長期的家。這對社會和心理嚴重受損的病患都有好處。社會能免於遭受重複再犯的罪行，而對於那些從前生活在那樣淒涼、乃至於不符人性尊嚴的環境中的人來說，醫院提供了一個安全而合於人性的生活空間。

讀者當中也許有人會問：為了五百馬克而殺死一個無力自衛的老人，犯下這種罪行的人為什麼還應該讓他過著符合人性尊嚴的生活？

人之尊嚴不容侵犯。我認為唯有當我們把這句話堅定地用在那些曾做出有失尊嚴之事的人身上，這句話才具有真實的意義和份量。畢竟，要衡量一個社會的道德成熟度，端視它如何對待那些考驗著這份道德成熟度的人。對患有嚴重心理障礙的人進行心理治療，意味著協助他們去過更符合人性的生活，這人性也是他們所具有的。在我任職的醫院裡，我一再看見令人難忘的例子，即使在個別情況下這並不意味著醫院就會做出可出院預測。

拉爾夫．寇瑟巴赫將有很長一段時間無法自由生活，這一點是可以確定的。他對公眾構成危險，因此需要加以監禁，我對此並不懷疑。而要醫治拉爾夫．寇瑟巴赫也不會是容易的事。可是，假如你我把自己的父母拿來和拉爾夫．寇瑟巴赫的父母交換的話，我們又會成為什麼樣的人呢？

我不知道我還想不想出去

二十一歲的安德瑞雅・秦瑟巴赫躺在護士宿舍的床上，還聽了點音樂來放鬆心情。她很喜歡她在婦產科部門的工作，對於自己在受完訓練之後馬上就獲聘用感到自豪。她出生於萊特鎮，但是從一開始在法蘭克福生活就感到自在。大約下午兩點半時她值完早班回到宿舍，然後在大約五點半時有人敲她的房門，她的房間位於一樓。她把音樂轉小聲一點，隔著鎖上的房門大聲問道：「什麼事？」

「我是管理員邁爾。我得檢查一下妳房間的暖氣。」

她不太情願地從舒適的床上起來，走向房門，心裡暗自納悶管理員為何在這個時候過來，轉動鎖孔中的鑰匙，開了門。接著她就不再有時間感到納悶。一個戴著頭套面罩的男子用力把她推回房間裡，把門在身後甩上，在她還來不及反應時就把她推倒在床上，他體型瘦長，中等身高，手裡拿著一把長長的刀子。男子繼續把刀子舉在面前，一邊抓起擺在床邊椅子上的一件T恤，跨坐在她身上，用那件T恤蒙住這個徹底被嚇壞了的年輕女孩的雙眼。然後他飛快地把她的襯衫從長褲裡拉出來，把她的胸罩往上推，把她的長褲和內褲往下拉，強暴了她。

「快點！呻吟幾聲給我聽！那樣我就不會傷害妳。」

過了兩、三分鐘後，他說：「剛才很好，我會再來！」便起身離開了這間小套房。

安德瑞雅．秦瑟巴赫起初一動也不敢動，但房間裡經過好幾分鐘都安靜無聲，於是她終於拿開遮住她眼睛的T恤，草草把衣服拉整齊，哭喊著跑出房間到走道上。同住在護士宿舍的另外三個女子走到房門口，試圖安撫這個不知所措的年輕女孩。在一名女同事的陪同下，安德瑞雅．秦瑟巴赫前去報警。

三週之後，在二〇〇二年二月中旬，同樣的不幸發生在希兒楚．威特靈身上。她的住處位在一棟老房子的半地下層，在一個屬於中產階級的街區。大約晚上九點時，她正在狹窄的廚房裡忙著，忽然有個男子出現在她面前，先前他悄悄撬開了客廳斜開著的窗戶。這個瘦長結實的男子戴著面罩，身高大約一百七十五公分，他撲向這個三十五歲的女老師，從側後方抓住她，摀住她的嘴，把她拖出廚房，拖得她腳步踉蹌。他推著她向前，一隻手臂仍然從後面勒住她頸部，用命令的口氣問：「臥室在哪裡，臥室在哪裡？」接著把她推向她在驚慌中示意的方向，再把她以趴著的姿勢壓在床上，用一條腿抵住她的背，威脅道：「妳要是亂動或是叫喊，我就會刺死妳。」他鬆手暫時放開她，迅速拿起擺在椅子上的一條絲巾。他的被害人聽懂了他的命令，無聲地點點頭。到目前為止希兒楚．威特靈並沒有看見刀子，但是她絕對不想讓對方證明他帶著刀子。她試著記住那些事後也許會有重要性的細節，可是以趴著的姿勢她能看到的有限。那個男子用絲巾綁住她的眼睛，然後把她翻過來成為仰躺的姿勢，讓他能從正面看著她，把她身上的運動衫往上推，把她的運動長褲連同內褲一起往下拉，撐開了她的雙腿。

希兒楚．威特靈試圖用搖頭表示她不願意，並且哭了起來。那個歹徒不為所動，強暴了她，同時她聞到一股很重的尼古丁氣味，似乎來自歹徒身上的衣服，但她卻不確定有沒有聞到酒氣。由於男子用來綁住她眼睛的絲巾是絲質，不知不覺地微微往上滑，於是希兒楚．威特靈大膽地用幾乎閉著的眼睛從絲巾邊緣下方向外偷瞄。她看見了歹徒所穿的深藍色冬季外套，看起來是皮製的，也許是人造皮，還看見了藍色牛仔褲的一部分。她無法實際估計自己在那男子身體下躺了多久，在她感覺上像是一輩子，而她也接到要她發出呻吟的命令。最後他總算放開了她，用威脅的口氣說：「躺著不要動，否則我明天還會再來。」

希兒楚．威特靈聽見他把衣服拉上來，然後顯然是從大門走了，她聽見門關上的聲音。儘管如此，最初那幾分鐘她也仍舊躺著不敢動，想盡辦法集中思緒，專心思考，同時一股作嘔的感覺抑制不住地湧上來。她扯掉遮住眼睛的絲巾，滾到床邊，吐在地板上。接下來她確認了屋裡只有她一個人，然後打電話報了警。

二月底時，護士麗莎．弗勞柯曼成了他的受害者。這名二十三歲的女子也住在法蘭克福的一棟護士宿舍，而她遭到強暴的模式與安德瑞雅．秦瑟巴赫相同。歹徒也假稱是管理員去按她的門鈴，託稱有工作要處理。他也戴了面罩，並且拿了被害人的一件衣物綁住其雙眼。在作案時也命令被害人發出呻吟，並且問道：「怎麼樣，妳喜歡嗎？」但是並沒有想要得到回答。等他完事，他命令麗莎．弗勞柯曼數到六十，之後就可以把遮住眼睛的衣物拿掉。他還說了：「剛才很好，也許我會再來拜訪妳。」然後就溜走了。

在此處我要先說明，那三名受害女子在事後全都發展出顯著的心理問題。希兒楚．威特靈甚至放棄了教職而申請退休。三名被害人在與他人接觸時都心懷恐懼和猜疑，其中兩名女子原本擁有的伴侶關係在幾週之內就破裂了。她們都很難獨自待在房間裡，同時產生了嚴重的睡眠障礙。

如今碰到這種性犯罪行為，檢方愈來愈常要求對犯罪行為人進行司法精神鑑定，但是仍然並非所有的性犯罪者都接受過專業的檢查。在這種案例中，問題不僅在於責任能力可能由於某種精神障礙而降低，而那名被視為危險的男子應該被安置在司法精神病院，也有另一個問題是，那名男子即使被判斷為精神健康，是否仍有犯下暴力犯罪行為的「傾向」，符合德國刑法第六十六條中對「保安式監禁」（譯按：一種防止再犯的預防性羈押）的規定，因此在服刑期滿之後必須繼續加以留置。

讀到這裡，各位也許會說：「這個男人具有危險性，這件事根本不需要由精神科醫師來告訴我！」這種想法我很能理解，大概也沒有哪個頭腦清楚的人會在此人犯下這些罪行之後還認為他沒有危險。但是德國的法律制度規定要把由於嚴重精神障礙而犯下罪行的人安置在醫院裡，在個別情況下，他們被關在醫院裡的時間要比他們被判處的刑期更長。例如，在我所任職的醫院裡，有些病患曾經犯下性侵罪行，並且因此被判處六年或八年徒刑，然而他們被關在醫院裡接受治療已經超過十二年，在每一間司法精神病院都有這種例子。對於被安置在司法精神病院裡的人來說，這表示褫奪自由的措施在不少情況下會比他們所應服的刑期長上兩倍，尤其是犯下嚴重性侵及暴力罪行的人。認為犯人在精神病院裡能夠舒舒服服地避免入獄服刑，這種想法事實上是錯誤的，而認為司法精神病院對於社會造成特別高的安全風險，也是錯誤的觀念。司法精神病院的任務並非「替犯罪者效勞」，而是藉由治療和保安以有效地防治再犯。

至於「保安式監禁」則是犯罪處遇制度中的一項安排，那些完全具有責任能力、並沒有精神障礙的犯罪行為人，在服滿被判處的刑期之後（有時是很長的刑期），會因為法院預期他們對大眾仍具有高度危險性而被判處保安式監禁。

也就是說，重點在於如何以安全的方式更長期地安置犯罪行為人。

而在這個案例中，造成三名女性受害的那三樁強暴案本來也許可以被預防——假如在一九九九年，班諾．哈科就曾做過精神鑑定。由於他留下的許多DNA證據，他很快就被驗明為犯下這三件強暴案的人，但早在一九九九年，當時二十一歲的他就已經首度由於性侵行為而被判處徒刑。當時在一個夏天晚上，班諾．哈科侵犯了一名在公園裡從他身旁經過的女子。當該名女子從他身旁經過，而且距離他已經有一段距離，他轉過身去追她，從後面抱住她，把她撲倒在地上，揉搓她T恤下的胸部，同時顯得性興奮，喃喃說了聲「過來！」之類的話，可是當另一個行人從遠處走近，而那名女子大聲呼救，他就鬆開了她。

班諾．哈科當時沒有接受精神科檢查，檢方把犯行歸因於他喝了酒。可是，假如班諾．哈科在當時就說出他從十五歲起就一直懷有強暴女性的幻想，那麼也許就可以更早把他安置在一個能夠有效降低其危險性的機構。

如今有了替他做精神鑑定的理由。

檢察官這次寄給我的檔案相當多，因為班諾．哈科從少年時代就多次由於在商店行竊及侵入住宅竊盜而引起警方注意，起初在短短的時間裡受到少年法庭法官再三告誡。他犯下的竊案實在太多，以致於向少年法庭法官報到幾乎就是他在一般正常環境中最密切的人際接觸。在告誡無效之後，得到緩刑宣告，直到最後由於哈科的行為沒有改善，緩刑在一九九四年撤銷，他進入少年觀護所服刑二十個月，一九九六年八月出獄。那時他十八歲。

二十一歲時他因為性侵而被判處十六個月徒刑，由於他沒有使用武器，也沒有發生類似性交的行為，並未被法庭認定為情節嚴重。這一次他在成人監獄裡服刑。出獄之後他繼續犯下竊案，但是他一再闖入出租公寓和小型獨棟住宅的動機不再只是單純想竊取財物，而也在於闖入女性的私人空間。

接著我讀了檔案中幾名受害女性的證詞。班諾・哈科犯案時總是戴著面罩，其中兩次他使用詭計而進入護士所住的套房，另一次他爬進位於地下樓層的住處，這是他平常從破門盜竊的行為中就熟悉的伎倆。他總是使用被害人的衣物來綁住被害人的眼睛，但並未塞住被害人的嘴巴。他施加於被害人的暴力——除了純粹的性暴力之外——一向都只是用來掌控被害人，不多也不少。他持刀威脅被害人，或者至少是自稱帶著刀子。另外他預告他還會再來，或是也許會再來，而使她們害怕，這肯定更加重了那些女子的夢魘。他的攻擊總是發生得快如閃電，像是偷襲，而且非常堅決，使得那些意外受到驚嚇的女子幾乎全都沒有試圖抵抗。他顯然懂得用態度和語氣來表明事態的嚴重。

根據檔案資料來判斷，班諾．哈科在二十一歲時就已經有過性侵婦女的念頭，如今二十四歲的他被指控犯下三件彼此之間相隔時間很短的強暴罪行。

我帶著那些檔案和充足的筆記紙張開車前往監獄，在一間未加裝飾的狹長房間裡，我坐在有點搖晃的小桌子旁，摺起一張紙片塞到一邊桌腳下面，免得我寫字時桌子一直晃動。然後我等著班諾．哈科被帶來見我。獄警敲了敲門，打開他剛才帶我進來的這扇房門，讓班諾．哈科進來。我從椅子上站起來，在這個小房間許可的範圍內朝他走近兩步，作了自我介紹，請他在我對面那張木頭椅子上坐下，和我隔著那張會晃動的桌子，事實上房間裡也沒有別的地方可坐。

班諾．哈科是個瘦長結實的男子，肌肉發達，但是並不粗壯，他渾身是勁地站在房間裡，身體明顯緊繃。「像是通了電」，我心想。他有張圓臉，模樣幾乎柔和，和他充滿力量的身體姿勢似乎形成對比，一雙水藍色的眼睛顯得十分不安，嘴角帶著一絲失望。

他的衣著簡單，穿著不合身的廉價牛仔褲、一雙破舊的球鞋和一件衣袖太長、有點鬆垮的灰色毛衣。

當我和哈科交談，我很快就明白我得要多來幾趟，因為他很少能夠專心談話超過兩個半小時，如果「專心」在這裡是個合適的字眼。此外他說話很急，沒有逗點和句點，有時由於情緒緊繃而語無倫次。彷彿他不想把時間浪費在呼吸上，而想透過談話這個氣閥來抒解內心的壓力。我不禁更加納悶哈科何以沒有更早接受精神科檢查。

我按照慣例向他說明了精神鑑定的一般條件，他隨即打開了話匣子。我覺得明智的作法是先讓他盡量說，先聽他說完他的整個故事。至於細節我會等下次會面時再問，等我把所有的資訊都整理過之後。

班諾．哈科於一九七八年出生在法蘭克福，和三個兄姊成長於悲慘的環境中。他的兩個哥哥弗里茲和法蘭茲分別比他大六歲和四歲，再來是比他大兩歲的姊姊克拉拉，嚴格說來是他同母異父的姊姊，是他母親和另一個男人短暫外遇之後生的，他自己是老么。他母親瑪莉亞在十七歲時就生下了大兒子，十八歲時嫁給了孩子的父親席吉．哈科，比她大三歲，是個粗暴的酒鬼和暴君，就跟她父親一樣。席吉．哈科靠著某種非法勾當過活，也會破門盜竊，每過一段時間就會入獄，第一次入獄是在瑪莉亞．哈科與哈迪．帕廉科，也就是克拉拉的生父交往時，再次入獄則是在班諾．哈科還是個幼兒時。

「可惜他在監獄裡待得不夠久。他們根本不該再放他出來的，那個豬玀！」班諾．哈科說。說起原生家庭他顯然情緒激動，將之描述為一種難以忍受的環境，由混亂和暴力構成。「生我的那個男人，我沒法叫他父親……他總是為了窩藏贓物之類的事情坐牢，從來不是為了他真正幹的好事。他們應該要把他關起來！虐待兒童，性侵兒童，強暴……」

席吉．哈科的時間都用來喝酒、在酒館和朋友廝混，還有虐待妻子和子女，那些酒館有時會失去營業許可而關門大吉。瑪莉亞．哈科完全應付不來操持家務和教養子女這些事。她沒辦法把家裡打理整齊，幾乎無法按時準備三餐，基本上就只忙於讓酒醉而暴躁易怒的丈夫回到家裡時不要發脾氣。班諾．哈科敘述，由於害怕父親，他和兄姊經常無助地躲在沙發後面。如果父親發現了這些孩子，就會拿起任何他認為合適的東西毆打他們，在那個簡陋的家裡能找到的東西是：平底鍋、拍地毯的撢子、皮帶。老大弗里茲十四歲時有一次把父親痛打了一頓，從那以後父親就只拿年紀較小的幾個孩子出氣。那時班諾．哈科八歲。

「他叫我們『臭小鬼』。」

而瑪莉亞．哈科也沒有能力去關愛子女、以適合孩子的方式對待他們、唸書給他們聽、安慰他們、保護他們。她只是成天大呼小叫，每天都害怕丈夫會回來。

「在家裡我只聽過我爸大吼大叫，根本沒學到怎麼正常說話。直到上學我才聽到正常的說話方式，而我根本應付不來。我們四個小孩住一個房間，另外還有我爸媽的臥室，還有一個客廳，裡面有沙發和電視。客廳裡也有一個玻璃櫃，有一次我爸把我用力朝那個玻璃櫃摔過去，整片玻璃都破了，而我得進醫院。我媽說是我在玩的時候撞到的，但那不是事實……」班諾．哈科繼續說，說得很快，彷彿他能藉由快速說話把他所經歷的事盡快一筆勾銷。「我記得我媽出門的時候都戴著太陽眼鏡，因為她被揍得鼻青臉腫。她的日子也沒比我們好過。」

「她也喝酒嗎？」

「也喝，但是沒像我爸喝得那麼多。可是我從來沒見過他們不喝酒。」

他記得兒童福利局的人來過一次，然後他父親兇起來，把那些人轟了出去。後來就沒有人再來過。

「鄰居有報過警嗎？」我問，雖然我已經猜到了他會怎麼回答。

「我們鄰居家的情況也沒什麼兩樣。再說這是家務事，沒有人會來干預。而且每個人都害怕我爸。」

幾個孩子受到虐待的情形是否都一樣，還是有差別？對他那個同母異父的姊姊也一樣嗎？

「我們全都一樣會挨揍。我姊挨的揍也許少一點，但是也夠多了。只不過，在我十歲的時候，他碰了她。」

我問他當時對這件事知道些什麼。

「我看見了。我想去上廁所，廁所門沒有鎖，而我看見了我爸和她在一起。」

這話是什麼意思？

他說他父親和他當時十二歲的姊姊在洗手台前面站著性交。他姊姊哭了，他父親大叫要兒子走開。「那很糟。」

他母親知道嗎？

「我不知道，我想她是知道的。在我們家所有的事情都是公開進行。她大概覺得高興，現在她可以讓我爸在兩個女人……嗯，高興他現在不是只有她一個……我想，她也就只是害怕。她保護不了我姊。而我那時候還太小。」

「你有把這件事告訴你母親嗎？」

「沒有。那她就會跟老頭子說，然後他就會把我打死。那很糟。就算是小孩子也知道那件事不對勁。那是不正常的。可是我什麼也不能做。」

班諾・哈科就這樣滔滔不絕地說下去，我忙著一直記筆記。我注意到班諾・哈科敘述這一切時都不帶任何自憐。他就只是做出一份報告，如此而已。

我先繼續問起他的求學過程和社會化過程，因為我想稍後再仔細去談性慾這個主題以及原生家庭對他的影響。

班諾・哈科七歲上小學，由於發展遲緩而留了一級。由於他有顯著的古怪行為，在上課中跑出教室、干擾上課、對老師和其他同學做出攻擊行為和性暗示舉止，他在兩年之後進了特殊學校，而在十四歲之後就根本沒有再去上課，就這樣中斷了求學。班諾・哈科的閱讀還可以，寫字和算術都只會一點。他在學校裡之所以無法專心，肯定與他家裡的整體情況有關。當他在特殊學校裡要學「九九乘法表」的時候，他父親模擬教學的情境和他一起練習，在他背誦時一再賞他巴掌，使得他母親後來寫了請假單替他請了三天「病假」，讓他留在家裡。「乘以七那一排我不會。三乘以三很簡單，是九，這我也知道！四乘以三是十二。可是八乘以七……?!如今我還是什麼都背不下來。那個經驗太深刻了！」

他說在學校裡他長期受到其他同學嘲笑，這也一向給了他理由去對付同學。「姓了哈科這個姓，妳可以想得到他們會說什麼。那個哈科，他……」（譯按，在德文裡Hakke與Kacke音相近，而Kacke在口語中是「糞便」之意。）

在學校裡有什麼事曾經帶給他樂趣嗎？

「畫畫。可是有一次我在家裡這麼說，結果我又挨打了。我爸說畫畫是同性戀做的事。」哈科聳聳肩膀，露出無計可施的眼神。

他父親對他的虐待持續了多久？

「到十四歲。就跟在我哥哥身上一樣。然後他打我，我就打回去，之後我就沒再挨打了。如果他去攻擊我媽，我也會揍他。我跟他說，如果他去碰她，被我看見了，我就會打死他。」

為什麼他會護著他母親？

哈科驚訝地看著我。「她也很可憐啊。她完全照顧不了我們。她肯定不是個好媽媽，但是她也沒別的辦法。」

他姊姊那時候已經搬出了家裡。「她交了第一個男朋友之後就馬上搬出去了。我也只和她還有聯絡。」

「現在你姊姊在做什麼？」我問。

「她有兩個兒子，和她兒子的父親住在一起。我們當中就只有她掌握了自己的生活。而且儘管我們的父親……嗯，他不是她父親，但儘管如此……她男友是電工，就我所知。」

哈科在少年觀護所裡補讀完基礎職業中學，勉強以差勁的成績畢業。他從未完成過職業訓練，也不曾在任何地方打工超過幾個星期。

他兩個哥哥的情況也類似。他們也開始喝酒，很早就頻繁犯罪。在我替班諾．哈科做精神鑑定時，他大哥由於嚴重身體傷害罪在德國北部服刑。

班諾．哈科九歲時開始抽菸，十歲時第一次喝酒，而且第一次就喝得很多，結果醒來時人在醫院。有了這次經驗，他決定多練習，從那以後就經常喝酒。他加入了一群和他一樣被社會忽略的兒童與青少年，有一段時間在他們身上找到了一個替代家庭。比起在家裡，他比較喜歡和他們在一起，也和他們一起犯下頭幾樁商店竊案和破門竊盜案。

「我知道那是犯法的事，可是我不想失去那群朋友。要加入他們就得那麼做，而且我也不知道有別種生活方式。我爸也會去偷東西，或是賣掉別人的東西。不過，破門竊盜變得特別吸引我。我不知道對其他人來說是否也是這樣，我沒有跟他們提起過，可是當我闖入那些住家，那是個有秩序的世界，是我不認識的。那吸引著我。每次我都會到臥室去，而那裡如果有女人用的東西，就會使我興奮。並不是說那些衣物本身讓我興奮，而是因為我知道我現在所待的地方平常是一個女人住的地方，而她不知道那些東西我都看見了。」

十四歲時他和那幫朋友疏遠了，當時他在一樁暴力攻擊事件中成了袖手旁觀的目擊者，對象是個喝醉的流浪漢。那幫青少年決定去對一個躺在公園裡的男子拳打腳踢，造成那人腦出血，結果在幾個月後死亡。哈科沒有參與，但是也不敢阻止其他人去做，而是抽身離開。從調查該案的舊檔案中可以得知，法院確認了哈科沒有參與，而且根本不知道那件暴力事件後來愈演愈烈。不過，他也沒有想到要去報警或叫救護車。在那之後他多半獨自行動，但仍然會去商店裡偷東西，也仍會破門盜竊。基本上他偷的是自己需要的東西，像是菸酒，偶爾也偷衣服。

在破門盜竊時他會拿走現金，如果找得到的話，但有時也會就只是闖進他認為有女性居住的房屋，在裡面到處看看，並不拿走什麼東西。

在替性犯罪者做精神鑑定時，一份詳盡的性心理發展史十分重要。重點在於查明個人整體的性心理發展過程，而且前提是被鑑定人也要願意誠實地進行談話。在不少情況下，針對這個主題所做的陳述，會依鑑定的時間點以及鑑定專家的提問方式而有所不同。在一樁刑事訴訟程序中，犯罪嫌疑人知道他所說的話和他所隱瞞的事可能會影響辯護策略和法院量刑。因此，有時候在這種鑑定談話中，被鑑定人的坦白程度有限。而在另一些為數不少的情況中，那些由於性犯罪行為而受審的人決定要和鑑定專家詳盡地交談，至少是針對他們內心意識到的關聯。因此，從我身為精神科醫師的觀點來看，如果辯護律師和被鑑定人事前先針對是否該善加利用精神鑑定的機會明確地交換意見，對於精神鑑定的品質會大有幫助。

如果進行鑑定的時間點較晚，在犯罪行為人接受多年治療期間針對治療情況與危險性預測來做鑑定，有時會得到截然不同、具有補充性質或更加詳盡的回答。有時候，治療的過程明顯有助於確立既往病史，因為被鑑定人在多年以後對於他過去沒有能力表達的特定事物有了理解。不過，有時候我會覺得被鑑定人是搬出他背熟了的治療資料，在資料和說話者之間並沒有明確的關聯。部分原因肯定也在於每個人在治療過程中自認為學到了什麼是「正確答案」，此外被鑑定人在心理治療的過程中也學到了他本來根本不會使用的表達方式。

這種治療過程只對那些真心想要改變的人有用，犯罪行為人本身也向我證實了這一點。並非真心想要改變的人只會變得更懂得操縱別人。儘管如此，除了專業的心理治療過程之外，我們沒有別的選擇。我們其實需要更多合格的「性治療門診」醫院，讓那些懷有偏離正常之性幻想、可能導致觸犯刑法的人可以求助。醫院和診所的精神科醫師和心理治療師大多不曾接受過這方面的專業訓練，也對這群患者有所顧忌，而比起對女性懷有性暴力幻想的男性，對於兒童抱有性幻想的男性在試圖求助時尤其更會遭到拒絕。

班諾．哈科的原生家庭對於他的性心理發展沒有助益。他敘述他在六、七歲時就已經知道喝醉的父親在屋裡強暴母親。

「很久以後我才明白那是怎麼回事。起初我只是替我媽擔心。我以為他要把她弄死。」

八歲時，哈科的哥哥和街上的其他男孩向他解釋了所發生的事，但他當然並不了解其真正意義。

「我小時候常看見我爸撲向我媽，而她不願意，但是她也沒辦法抵抗。」在他們家，父母並沒有在子女面前畫出界線。「不過，那件事也不見得都是在暴力下發生。這一點我們也全都知道。」

當他還是個幼兒時，他替母親感到害怕，等到他大約九歲時，他發現他在家裡在父母親身上看見的事會使他身體上有興奮的感覺，給他帶來快感。他在大約十一歲時進入青春期，透過那幫接納他的青少年和他哥哥，他開始接觸色情刊物。十三歲時他有了第一個同齡女友，她也沒受到父母多少照顧，而多半得靠自己。他和她有了第一次性行為，而那次性行為令他感到失望。六個月後他放棄了那個女友。十五歲時，在他第一次被監禁之前八個月，他又有了一個女朋友。他和她也有不涉及暴力的性接觸，但他最終覺得這些接觸不怎麼有趣。

「我就只是發現了我喜歡暴力——雖然我心裡並不想要這樣。我真的不想，因為我在我姊身上看到過，還有在我媽身上。我知道那樣做是不對的。可是我發現只有想像我用暴力佔有一個女人才會使我興奮。那和暴力也根本沒有太大關係，而只在於她不願意，而我想要就要。重點在於事情違反她的意願，而她感到害怕，在於要她屈服。」

一九九九年，就在那次性侵事件發生之前不久，哈科弄到暴力色情影片，花了幾個鐘頭的時間觀賞。「那消除了我的壓力。我起初感覺很好，然後又感覺很糟。我並不想當個像我爸那樣的混蛋，但是我就是那樣一個混蛋。我是個強暴犯，就跟我爸一樣。」

那個願望在他心中漸漸形成，不僅是觀看這樣的暴力鏡頭，而是自己對女性做出性暴力行為。

「我在少年觀護所裡的時候，腦子裡就已經有強暴女人的念頭。我在打手槍的時候會想像我要怎麼撲向她們，而她們必須按我的意思去做。但是我什麼也沒說。我喜歡那個念頭，所以我什麼也不說。而且我也不知道說出來會有什麼後果。」

「可是一個人如果老是想像一件充滿快感的事，老是想像著自己想做的事，那麼這個人就也會想要把想像付諸行動，不是嗎？」

「起初我以為這不過是腦子裡的念頭，用來打手槍很好。可是這些念頭一直都在。」他說每當他特別失望或是生氣的時候，他就用這些幻想來安撫自己和自慰。「我也考慮過要不要把少年觀護所裡的一個女性社工……可是我認識她，而且我覺得她人很好，所以我不想那麼做。」

「所以說你的確已經有了模糊的計畫？」

「是的，如果妳想這麼說的話……」

「你那些女朋友呢？你曾經強暴過她們嗎？」

「沒有，我沒有考慮過。可是我發現自己有點不對勁，因為我對其他的一切都覺得無聊。」

「你的性幻想當中有百分之幾是和強暴有關？」

「妳是指什麼時候？現在還是以前？」

「在你犯下那幾樁罪行的時候。」

「就只和強暴有關！」

「意思是百分之百？」我追問。

我想到百分比這個概念對班諾．哈科來說也許並不容易理解，於是我用更具體的方式再問了一次：「當你自慰的時候，姑且說是十次好了，你有幾次會想著強暴，又有幾次是用沒有暴力的想像而達到目的？」

「我每次都想著那件事。」

「那現在呢？」

「現在我被關在這裡，我就幾乎沒想了。」

這個回答在我預料之中。事實上，這些幻想有時會由於生活情況的劇烈改變而暫時被壓抑，可是過了一段時間以後就肯定會再出現。另外，在這樣的回答背後有時也藏有欺騙對方的企圖，想要假裝使自己犯下罪行的毛病已經不存在。

「當你在公園裡攻擊那個女人的時候呢？在一九九九年？」

「那時候也已經佔得很多了。我在腦子裡想像的時候一開始都很正常，然後就變得比較暴力。很難說，但是我想大概是一半一半吧。」

我和班諾．哈科仔細討論他犯下的每一樁罪行。「在另外兩樁案子中你身上到底有沒有帶刀子呢？」

「第二次沒帶，第三次就有帶。不過我心想，就算是這樣那些女人也會害怕。」

「為什麼你總是蒙住那些女人的眼睛，而沒有塞住她們的嘴巴？你不是戴著面罩嗎？再說她們可能會大叫。」

「我不知道。矇住她們的眼睛使我興奮，而且我心想這對我是種額外的保護，這樣她們就沒辦法描述我的外貌。」在這番談話中哈科首次考慮得稍微久一點。「一個人如果看不見，就會更加無助，更加任人擺布。」

「塞住嘴巴不會嗎？」

「我沒有想過要塞住她們的嘴巴。我也想要她們發出呻吟。」

「假如那些女人抵抗得更厲害的話，會是什麼情況？」

「我沒有想過。在我的幻想中她們沒有抵抗，而實際情況也是這樣。」假如她們還是抵抗了呢？「我不知道。我不會拿刀子刺下去，這一點我很確定。刀子就只是用來威脅。可是我大概會揍她，讓她照我的話做。」他是否曾考慮過要在被害人身邊待久一點？「沒有，我要的就是我強迫她們做的速戰速決。」

「身為女性，要怎麼做才能讓你罷手？」我問。哈科驚訝地看著我。

「呼！趕快配合，然後我就走了。」

「說『配合』也許並不完全正確，是吧？你的重點明明就在於女方不願意，還是說我理解錯誤？」

「對。嗯，那我說『屈服』好了。」哈科變得有點不耐煩。

「現在我再問一次：身為女性，要怎麼做，才能讓你改變要她們屈服的計畫？」

「嗯，當我已經上路，站在我想進去的那扇門前，那我就像是通了電，我不知道……那是心裡一種強烈的衝動，一股壓力……」

「假如那個女人說她有病，有子宮癌，還是懷孕了之類的呢？」

班諾．哈科顯得有點驚愕。「癌症，不，這太噁心了！至於懷孕，我不知道，如果看不出來的話……可是癌症，那就……不，那我就會走了。」班諾．哈科覺得噁心地做了個鬼臉。

「還有什麼能夠阻止你？」

「什麼也阻止不了我。也許，如果有一個男的走進來的話，但是我的動作那麼快……嗯，如果有個男的走進來，那我就會罷手，然後把那人打倒。」

「在你犯下第一樁罪行之前，你究竟花了多少時間在你的幻想上？」

「好幾個鐘頭，一整天。沒別的。」

確立他的性心理發展史還又花了一段時間。

接著我問起他自稱在犯罪之後良心不安這件事。班諾・哈科對於性侵兒童的那些男人感到憤怒，例如他父親在他同母異父的姊姊青春期時一再對她性侵。他也能說出他為什麼覺得那種行為令人髮指。他說起對母親的同情，說起在童年末期，當他目睹那種暴力時，他察覺到有種令他感到不安的慾望。「我知道那不正常，可是我擺脫不了。」

「你的被害人呢？你認為她們過得如何？」

他沉吟了一會兒，然後說：「我想她們過得不好。也許她們沒辦法再有伴侶，普遍失去了對男人的信賴。我是這樣聽說的。可是我哪知道……確實的情況我不知道。」

「你為什麼會這麼想呢？儘管你姊姊遭受過性侵，她現在不也是和伴侶一起生活嗎？」

「對，可是我會說，我們習慣了另一種生活。在我們身上的情況不同。我姊不是普通女人，因為我們成長時的情況。可是我的被害人，我會說她們全都是普通女人。我所做的事情很糟。」

「你的意思是有些女人是可以強暴的，另外一些是不可以強暴的？」

「不是！只不過，我的意思是：我們從小就熟悉暴力。我們是社會的邊緣人。其他的人根本不熟悉暴力。他們沒有學會要如何面對。」

他也承認，想像闖入另一個人的完好世界，一個他自己不曾體驗過的世界，這可能也影響了他的行為。

「假如你現在是自由的，你自己估計你再犯的危險性有多高？」

「很高！」他斬釘截鐵地說。在這一點上我們的意見完全一致。

對於從司法精神醫學的角度該做出什麼結論，我考慮了很久，而如今，在我又有了許多年身為精神鑑定醫師的工作經驗之後，我仍然覺得這個案例很複雜。

在法律上，「反社會人格違常」並不屬於所謂的「其他嚴重之精神異常」，不能據以推論出「控制能力顯著降低」。這種反社會人格係指人格上的一種錯誤發展，其特徵為明顯的違法行為、暴力行為、行事衝動、不負責任的行為，以及無法從懲罰中學習。就這一點而言，我們也可以理解法律何以不承認這種人格違常降低了責任能力，否則這將意味著犯罪行為本身就會導致責任能力的降低。班諾・哈科身上肯定具有程度極高的這種人格違常，再加上飲酒過量，雖然尚未成癮，而且與犯罪行為本身並無關聯。班諾・哈科其實習慣了他每日的飲酒量，自從青少年時代晚期以來，他的飲酒量甚至還略微減少。他沒有酒醉的跡象。再說，強暴罪行的進行顯示出一種有計畫、有目標的行動，因此本來就不構成在法律上具有意義、精神醫學上可證明的酒醉跡象，而三名受害女子也並未描述他有酒醉跡象。而且班諾・哈科也並未打算用「我當時喝醉了」來替自己的行為辯解，沒有間接地把責任推到酒精身上。

有些人純粹是受到犯罪生活的吸引，喜歡快速獲利而不想辛苦工作，但是從他們的家庭和教育背景來看，他們其實有能力做出不同的決定。如果強暴罪行所表現出的是這種普遍的肆無忌憚，在精神病學上也沒有理由將之歸咎於病態原因。這或許也就是班諾的父親和他之間的重大差異。

班諾．哈科的情形就不同了。他生長在悲慘、混亂的環境裡，在完全不懂規矩的情況下成長。他十分具體地描述了父親施加嚴厲懲罰的方式總是任意而矛盾，而他在缺乏關懷的情況下長大。他只有在那個青少年幫派裡感到被接納，起初是從犯，後來成為共犯。在班諾．哈科成為連續強暴犯之前，他幼小時在家裡以種種不同的形式一再目睹性暴力，而且在進入青春期之前就已經察覺這令他興奮。在青春期他則發展出愈來愈根深蒂固的強暴幻想，這種幻想成為他性幻想的主要內容，後來也主宰了他的行為。由於他覺得與女性之間雙方合意的性接觸無法滿足他，他就大半放棄了這些接觸，而透過暴力色情影片來獲得補償性滿足。這又提高了他想要親身嘗試的願望。

除了「反社會人格違常」之外，在班諾．哈科身上還有所謂的「性偏好障礙」，係指一個人具有偏離常規的性偏好。而在德國的「性侵害犯罪防治法」中，所謂的偏離常規係指並非建立在雙方合意的基礎上，或是涉及沒有同意能力的對象或人物。就班諾．哈科的情況來說，這種偏離常規表現於他對於強暴場面的偏好，但基本上並未添加更多細節。同時有跡象指出，在他的經驗中，這種傾向與他的自我完全相斥，亦即那是個在他腦中發展出的想像世界，雖然他自己其實並不願意如此。

而具有「性偏好障礙」並不表示在所有情況下都構成責任能力降低的理由。這時候得要檢查人格能力發展到何種程度，是否足以控制這種棘手的偏好和想像。舉例來說，這就是為什麼那些雖然有戀童癖、但除此之外融入社會的情況良好的人不會被送進司法精神病院，而會被安置在司法精神病院裡的，是那些除了有戀童癖之外在人格發展上也有嚴重障礙的人。

在做過詳盡的鑑定說明之後，最後我得出結論：在班諾．哈科身上具有法律上所謂的「其他嚴重之精神異常」。在「控制能力」這一點上，我很確定這個結論在鑑定專家之間會引起爭議，可以加以討論。不過，在評估過形成此一幻想的整體背景情況之後，我認為他符合安置在司法精神病院的先決條件。法庭判處班諾六年徒刑，並且下令將他安置在一所精神病院。以班諾．哈科的成長歷史和臨床症候，他待在司法精神病院裡的時間一定還要更長。他是否可能進步到有朝一日能夠再度自由地生活，這個問題沒有答案。

具有像班諾·哈科這種障礙症候的人有時會被安置在司法精神病院很久。有時候醫院也成了他們安全的家。在那裡他們可以過著有秩序的生活，而且他們很清楚自己在外面將會沉淪，會製造出新的受害者。他們不見得都會承認這一點。要向自己、向別人、向收容他們的精神病院坦白承認這一點會是太大的恥辱。然而，有些病患對此心知肚明。

強暴程式

曼努耶．費希特在阿亨攻讀資訊科學，他二十三歲，很慶幸能在他所選擇的大學裡拿到獎學金，也很慶幸能在一棟租金不算太貴的出租樓房裡找到一間二房小公寓，對一個大學生來說甚至算得上有點奢侈了。如今他在那兒已經住了大約一年半，但是這幾個星期以來，他很具體地計劃要另覓住處。這個意外的轉變是由於與他住在同一層樓的對面鄰居卡蘿拉．弗斯曼。她個子略矮，灰金色頭髮，據他估計大約五十出頭，模樣有點邋遢，雖然他從未見過她穿著真的很髒的衣服，而她的一頭短髮看起來也像是每隔一段時間就會修剪。她之所以讓他感到陰森是由於她僵直的目光咄咄逼人，看不出原因地抑鬱易怒，臉部表情有如面具般不露情緒。

二〇〇一年七月的一個星期四，他還在家裡接待了同學，一起喝啤酒，大談同行才懂得的事，聊起大學課業，然後一起看了一部影片。

其中一個同學後來在筆錄裡說，曼努耶．費希特在這個星期四晚上曾提起他確定要搬家，因為他認為隔壁那個女鄰居難以捉摸。三個星期前，當他走樓梯下樓時，她從後面冷不防地用一塊木頭打他肩膀。他的肩膀上因此有一大塊瘀青，當時他大聲喝叱弗斯曼小姐，問她腦筋是否還正常。但是他並未下定決心去向警方提出指控，因為他覺得這件事沒那麼嚴重。再說，身為年輕男子，為了這麼一樁雞毛蒜皮的小事而去向警方指控一個上了年紀的女人，他也覺得有點難為情。儘管如此，這樁意外事件仍令他不安，雖然他不是個膽小的人，而且在那之前也從不曾感覺受到威脅。然後，在她用木頭打他那件事發生一週之後，當他走出住處的大門，她從正面攻擊他，試圖用拳頭揍他，但是他設法抓住她並且擋開她。當時她喊道：「只要我想，你就會沒命！」曼努耶・費希特這個星期六就想去看看別的公寓。他很清楚他必須搬離這裡。

星期五晚上將近十一點時，曼努耶・費希特坐在他的電腦前面。當他忙於課業時，他的鄰居卡蘿拉・弗斯曼卻感受到他穿過牆壁折磨她、羞辱她。幾個星期前她曾警告過他，但是他顯然不放過她。如今她的耐心和忍受力都到了盡頭。於是弗斯曼小姐從廚房拿了一把刀，再把她住處的鑰匙塞進口袋。然後她衝出去，衝到這個放肆的年輕人的公寓門口，用力把門踹開，拿著刀子衝進門廊。這一陣砰砰聲想必立刻驚動了曼努耶・費希特，根據警方與法醫事後重建的案發過程，他想必是走到那道小小的門廊，在那裡遇上了卡蘿拉．弗斯曼。她朝這個年輕人刺了八刀，其中兩刀刺中他的心臟，他在極短的時間內就去世了。這就可以解釋同一層樓的其他鄰居何以只聽見「砰」的一聲和一名男子的一聲大叫。

卡蘿拉．弗斯曼刺下最後一刀之後抽出了刀子，把刀子扔在地板上，一邊罵著髒話，一邊走回她的住處，但是並沒有關上她公寓的門。

同一樓層另外兩間公寓裡的一個房客想知道出了什麼事，於是走出房門來到走道上。他看見那個大學生住處被踹開的大門，也看見弗斯曼小姐住處敞開的大門，猶豫著他該先去哪邊查看。他去敲弗斯曼小姐家的門，她沒有回應，他走進屋裡，看見這個女鄰居坐在一張椅子上，面無表情地凝視著前方，衣服上沾滿了血。他立刻明白一定是發生了某件可怕的事，雖然他還不清楚受害者是誰。於是他跑進曼努耶．費希特的住處，看見他渾身是血地躺在門廊上。他趕緊打電話報警並且叫了救護車。

卡蘿拉．弗斯曼是什麼來歷？

檢調當局很快就得知她有一段接受精神治療的漫長歷史，因為這二十年來針對卡蘿拉・弗斯曼累積了可觀的檔案。因此在此案中，檢方很快就明白應該要對卡蘿拉・弗斯曼進行精神鑑定，以釐清她是否由於「病理之精神障礙」，亦即在案發之時所患有的精神疾病，而可能顯著降低她的控制能力或識別能力，並且查明她對於公眾是否仍具有危險性。

從檔案中我能得知什麼呢？除了她有幾次因暴力攻擊被起訴，而審理程序後來中止，檔案裡還有一份觀護鑑定報告，從中可得知她生平的背景資料。

卡蘿拉・弗斯曼來自漢諾瓦。現年四十八歲，在二十八歲時第一次罹患思覺失調症。

她是獨生女，由獨自生活的母親撫養長大，她母親在郵局工作，四十二歲時才生下這個女兒。她父親酗酒，母親很早就離開了這個有暴力行為的丈夫，因此卡蘿拉・弗斯曼在四歲以後跟父親就不再有任何接觸。卡蘿拉在簡單但有秩序的環境中長大，和外婆也有著良好的關係，她外公則在她出生之前就已經去世了。她讀了小學和實科中學，受過零售商務的職業訓練，但是由於她在學校裡成績很好，她一直想補修完文理中學畢業資格，再去讀大學。她母親認為沒這個必要，但是卡蘿拉很有企圖心，於是白天她在一家百貨公司擔任售貨員，下班後去上夜校。

直到二十四歲她都和母親同住，然後才搬進自己的住處，不久之後在公司的一場慶祝活動上認識了她的第一個男友，直到二十七歲都和他在一起。然後這個男友李察為了另一個同齡女子和她分手，因為他不喜歡卡蘿拉每個週末都得唸書，覺得她把讀大學的資格看得比和他相處的時間更重要。她想要在大學攻讀外文，也許可以從事口譯工作或是翻譯書籍。李察覺得這個想法太好高騖遠，於是在一夕之間就結束了這段關係。卡蘿拉．弗斯曼又變得孤單，分手令她難受，覺得她的抱負和心願遭到拒絕，懷疑自己有沒有可能再找到一個伴侶，於是她開始喝酒。再加上半年後，她母親由於心肌梗塞驟逝，如今只剩下她孤伶伶的一個人。她回到家裡時總是孤單一人。基本上她也沒有朋友，她很孤獨，就只有她在職業生涯上的目標，而她的男友卻因為這個目標而離開了她——至少在她感覺上是這樣。卡蘿拉．弗斯曼起初依然去上班，可是晚上回到家裡就喝紅酒，起初喝半瓶，後來喝一整瓶，而她察覺喝酒能夠暫時緩解她的不幸，而且也讓她夜裡至少有幾個小時睡得比較好。後來她在週末時白天裡也喝酒。她什麼也不想做，不再起床，在快要結業之前中斷了夜校的學業，開始不再打理自己的生活。她不再定期把垃圾拿下樓，不再每天洗澡，靠著罐頭食物過活，漸漸地也不再把罐頭食物加熱。她辭掉了工作。一開始她整天都待在住處，起初她還能用積蓄去付房租，但是她覺得自己的心理狀況愈來愈糟，儘管喝了紅酒也一樣，如今她喝的是盒裝紅酒。她睡不安穩，經常胡思亂想，覺得身體不適而且有了奇怪的改變，但她並無法真正理解那是什麼樣的改變。在樓梯間，別人會用奇怪的眼神看她。顯然別人暗中想要對她不利。當她去廉價商店買酒，路上行人會竊竊私語。然後她在壁紙上發現了一個小洞，就在從前釘了根釘子掛著月曆的地方。那根釘子已經不在了，可是壁紙上的洞還在。幾天之內她就確定了是鄰居在天花板和牆壁上鑽洞通往她住處，並且透過這些洞來監視她。後來她覺得鄰居也會透過這些洞來影響她的念頭，於是她在住處就待不下去了。她逃到戶外，由於別人的這些陰謀而感到全然絕望，在街頭露宿了幾天，然後有一天晚上她走上一座橋，倚著欄杆，向下凝望，考慮著該不該往下跳。說不定別人就是想逼她走上死路。

一個自行車騎士停下來，覺得這個看來精神錯亂的女子可能想要自殺，於是打電話報警。就這樣，她在二十八歲時首次以急診病人的身分被送進精神病院，在醫院裡述說了她住處發生的古怪事件。她在醫院裡待了八週，也服用藥物，這些藥物雖然使她能擺脫牆壁上有洞的念頭，但也使她變得十分遲鈍。她像個機器人一樣在病房區的走廊上走動，嘴角流著口水，二十八歲的她覺得自己的身體像個老婦人一樣僵硬。醫生告訴她必須繼續服藥，但是她覺得這只是用一害去交換另一害罷了。院方讓她試驗性地回到住處待上一段時間，起初是幾個下午，後來是整個週末，而她不再覺得有人從洞裡監視她，不再覺得鄰居在跟蹤她、甚至想影響她的念頭，醫院就讓她出院回家。起初她還繼續去看精神科醫師，有一段時間繼續服用藥物，也有一小段時間聽從醫生的勸告而不再喝酒，最後甚至在一家花店找到了一份臨時工作。她也又開始注意儀容，並且會整理住處。有兩年的時間情況很好，而卡蘿拉·弗斯曼認為自己已經戰勝了疾病。她停止服藥，偶爾會再喝上一杯，感覺很舒暢。六個月後她變得容易受驚，猜疑心變重，覺得鄰居用奇怪的眼神看她。當幾個鄰居在一樓大門口相遇，他們似乎也打著某種暗號，而這些暗號似乎是針對卡蘿拉・弗斯曼而來。她又睡不好了，腦袋昏昏沉沉，有一種感覺從她腦袋裡面擠壓著額頭。她無法再集中注意力。在花店裡，顧客的反應也變了，現在他們意味深長地指向不同的花卉，彷彿想向她傳達某種她不了解的訊息。卡蘿拉・弗斯曼愈來愈確定自己又受到了監視，在住處到處尋找鄰居為了刺探她而重新鑽出的小洞。那些洞布置得很巧妙，因為乍看之下她沒有發現，可是這就是詭計所在。這些洞是存在的，這一點她很確定，可是它們被陰險地安置在卡蘿拉・弗斯曼看不見的地方。從前掛著月曆的那個洞雖然還在，但是她清楚感覺到牆壁和天花板上還有幾千個洞，而且她也聽見一陣幸災樂禍的輕輕竊笑。鄰居顯然在取笑她、嘲弄她。她試圖自衛，夜裡用一支掃帚柄去戳天花板，戳上幾個鐘頭，以使鄰居恢復理智。她再也睡不著覺，無法集中精神在任何事情上，思緒變得昏沉遲滯。她為了反制鄰居所製造出的噪音只使得鄰居把秩序局[1]的人

1　秩序局（Ordnungsamt）是德國地方政府組織裡的機構，負責維持社會的日常秩序。秩序局人員與警察同屬執法人員，但權限不同，有「風紀警察」之稱。

找來，但不久之後就又離去。除此之外什麼也沒有改變。於是卡蘿拉・弗斯曼又一次逃出了住處，但是並沒有向花店請病假，因此在她曠職時丟了工作。這一次她在行李中帶了兩把刀，她的行李是一個大旅行袋，裡面裝著幾件衣物、一雙運動鞋、一條毛毯和幾瓶啤酒，另外還有一把髮梳和一支唇膏。

她和漢諾瓦當地一群無家可歸的流浪漢有了接觸，和那些男人一起喝酒，那群人起初很和樂，後來就常常爭吵。幾個月後，她自己也捲進了這樣一番爭吵，結果她用刀子刺進其中一個流浪漢的手臂；事後那些男子聲稱她當時必須自衛，因此這件事也就沒有繼續被追究。

三十二歲時她遭人向警方指控，因為她在一個小吃攤點了咖哩香腸，等店家把香腸遞給她，她大吵大鬧，說那是人肉，說小吃攤老闆是個殺人凶手，要他從小店裡出來，她要把他刺死。說著她掏出一把刀，在小吃攤前面幾公尺處擺出架勢，等著老闆接近。對方當然沒有出來，而是報了警。等到警察和秩序局的人來了，她又被送進精神病院，這一次由法院決議將她安置在隔離病房六週。以恐嚇罪對她提起的訴訟在幾個月後被中止。

從精神病院被釋放出院以後，她繼續露宿街頭，在接下來那兩年中又一次持刀刺中一個酒友的背部，但是這一次的刑事訴訟也被中止。在她第三度住進精神病院時，她得到了一位由法院所指派的觀護人，以全面處理她的治療事宜、居住問題、法律事務及財務問題。有益於卡蘿拉．弗斯曼的是這一次她住院超過五個月，從隔離病房轉移到開放式病房，以她嚴重的病情來說整體上復原得相當不錯。她也再度服用藥物，與旁人保持著友善的距離，不多話，也不愛交際，但是她不再喝酒，並且定期參加醫院附屬的工作坊。

在住院治療之後，有兩個月她還繼續日間住院，意思是夜裡睡在家裡，週末也待在家，但週一到週五的白天則待在一間開放式的精神科觀護機構，而她過得不錯。有一個週末她在一場城區慶祝活動中又認識了一個男人，對方是來此地拜訪朋友，原本來自阿亨。她和他發展出一段若即若離的關係，在三十五歲時決定搬到阿亨去住。由於這幾年來她的情況相當不錯，法院所規定的觀護就被取消了。

在三十七歲時，她的病情惡化，乃至於在她殺死那個大學生之前，她每年都住進精神病院，大多是在對旁人構成危險之後被強制住院。在那十次住院當中，有七次係由於暴力行為或恐嚇行為。卡蘿拉．弗斯曼在阿亨也攻擊了一個小吃店老闆，不同於漢諾瓦那個老闆，這個人果真朝她走過去，結果被她刺傷了肩膀。在一家超市裡，卡蘿拉．弗斯曼在原因不明的情況下攻擊排在她前面的一個女子，用拳頭毆打對方；在另一家超市裡她打斷了一個收銀員的鼻骨；而她男友在她住處從冰箱裡拿東西時被她一刀刺進背部。

迄今所有針對卡蘿拉．弗斯曼提起的訴訟何以全都被中止？她一再被送進精神病院，而且看得出來這個女子患有嚴重的精神疾病。肯定也很容易看出她不具有責任能力，但是她的潛在危險顯然被低估。我相當確定，一個男子若是有著相同的病史和同樣次數的暴力行為，就無法指望得到這麼多包容。

曼努耶．費希特死了，而針對她的動機，弗斯曼小姐能對我說些什麼呢？她為什麼跑進那個年輕大學生的住處，把他刺死？

我開車前往她接受暫時安置的那間精神病院，見到的是個面無表情的女子。她看著面前的桌子，很少說話。由於她能給我的資訊很少，這番談話拖了很久。

有關她生平的背景資訊，我能從她口中得知的和我從檔案中讀到的資料相符。不過，卡蘿拉·弗斯曼相當能夠描述取得就讀大學的資格和讀大學的心願在當年對她來說有多麼重要。她很依戀當時的男友，當他在一夕之間拋棄了她，對她的自信心是很大的打擊，她再也沒有真正恢復。她用平淡的語氣說：「那時我什麼都沒有了，就只剩我母親，而她後來也死了。」

接著她用深信不疑的口氣向我敘述她的鄰居折磨了她整整一年，語調中微微帶著憤怒。他在大學裡攻讀資訊科學，這是她有一次在走廊上聽他說的，而他把病毒和惡意軟體直接傳送到她腦袋裡。她能清楚地感覺到她的思考力被封鎖了，她腦中的思緒不再是她自己的，而是陌生人的。一切都由這個鄰居從他的個人電腦加以控制。另外，夜裡他還經由他的電腦闖進她屋裡，並且強暴她。

「他有這樣一種強暴程式。那很糟。一次又一次。我的血就這樣一直流掉。」

我問她是怎麼察覺到夜裡被強暴的。

「血就這樣從我身上流出去……」她就只是重複這句話。

我問她那個男子是否也在她的住處？

「是的，透過他的電腦他總是進到我屋裡，這樣一種強暴程式……」在那種痛苦中她不知道該如何是好。然後她去警告他，可是他就是不罷手。「事情就這樣一直繼續下去。每一夜！」她坐在我對面，軀幹和頸部僵直，一動也不動，雙臂彎曲，雙手擱在桌面上，由於藥物作用而微微顫抖，另一方面，她的雙腿則不安地上下抖動。她一次又一次緩緩從長褲口袋裡掏出一條很舊的手帕，擦掉嘴邊的口水。她的面孔呆滯，顯得像張面具，這一方面和她長期患病有關，但無疑也是典型精神作用藥物常見的副作用，這是始終仍被用來治療急性精神疾病的一類特定藥物，雖然如今在治療上已經及早使用非典型的抗精神病藥物，更容易被身體接受。然而，服用這些藥物對許多患有這類疾病的人來說仍是個沉重的負擔。即使不再有被合稱為「靜坐不能」的副作用，諸如行動受限、身體僵硬、腿部疼痛，但還是會造成性慾減退和體重顯著增加，使得這種藥物不容易被病人接受。儘管如此，身為醫生，必須清楚告訴病人，要讓疾病症狀完全消失或至少是明顯消退，唯一的機會就是以適合個人的方式長期按時服用這類藥物。如果太早停藥，那種折磨人而且往往十分危急的內心感受就會再度出現，在個別情況下會導致犯下嚴重罪行的風險，當事人若非患病，就絕對不會犯下那樣的罪行。

我問起弗斯曼小姐她是怎麼決定採取行動的。

「我已經警告過他了。然後就走到了那一步。他就是不罷手。那些強暴……一次又一次……白天……晚上……一次又一次。現在夠了！」於是她向我敘述她如何拿起始終放在她床邊的刀子，利用衝過去的力道踹開了鄰居的房門。「而且我還跟他說過，只要我想，他就會沒命！可是他沒有罷手。好在他現在死了。他不會再做這種事了！」

由於她所患的疾病，卡蘿拉．弗斯曼沒有能力對自己所做的事感到遺憾，也無法理解這件事的嚴重性。

「那麼，被強暴的感覺現在怎麼樣了？」

「那不是一種感覺。那是事實。」

「好，那麼，如今在這裡的情況呢？」我追問。

「在這裡很好。反正他已經死了。現在我也可以再回家了。」

這個案例格外令人心情沉重，因為在卡蘿拉．弗斯曼殺人之前，可觀的危險性已經浮現多年。在我看來，這說明了被害人遇害的悲劇原本可以避免，而這個例子也證明了我的論點，亦即比起有暴力行為之男性，有暴力行為之女性的危險性比較沒有被認真看待。到最後，這些危險程度被低估的女性就也成了自身疾病的受害者。

在開庭審判時，卡蘿拉．弗斯曼的毫無悔意、無動於衷和冷漠令在場之人印象深刻。這幾項特徵在所有這些案例中都是精神疾病本身的顯著跡象，而不是所謂的「病前人格特質」，亦即在心理（仍）健康的人身上也會有的性格特徵。假如卡蘿拉．弗斯曼是個健康的人，她幾乎不可能會殺人。

當然，她也成了長年被安置在司法精神病院的病患。

像卡蘿拉．弗斯曼這樣的案例顯示出一種根本的兩難困境，是幾乎無法徹底解決的。

思覺失調症無疑屬於最嚴重的精神疾病。在全部人口中，罹患思覺失調症的平均風險是百分之一。男性和女性罹患此症的機率大致相同，不過，男性首次出現此症的年齡大約是在二十歲左右，在女性身上則比較晚。直到三十多歲才出現的「晚發型思覺失調症」絕大多數是妄想狀態，患者在其他方面仍保持原有的性格。一個人患病的年紀愈輕，由於患病而損及整體性格的危險就愈大，事關他們的動機能力、目標導向以及與他人之間的情感關係能力。這種疾病明顯與遺傳傾向有關，亦即生物學上的秉性，但也總是涉及其他特殊因素。精神科醫師會提到所謂的「素質—壓力模式」[2]，亦即某種遺傳體質，還有生平中額外的壓力來源或有害影響，例如吸毒，這些都會導致疾病的形成。患病的症狀很多樣，但主要是會導致妄想和旁人難以理解的固執念頭，這些念頭有時很古怪（例如在前述案例中，弗斯曼小姐堅信她的鄰居藉由一種電腦程式來強暴她）。遭人下毒的妄想或是被迫害妄想也很常見。此外，病患會感到自己身體和思想的完整性受到干擾，深信別人能用目光吸走他們的思想或是左右他們的思想，認為人人都能讀出

2 根據「素質—壓力」模式理論，病人之所以罹患精神疾病係由於兩個因素之間的互動：（一）患者本身心理脆弱的程度（二）患者所遇上的壓力。

或聽見他們的心念，而且有時會聽見有聲音向他們下達命令或是評論他們的行為。注意力和專注力明顯受損，還會出現睡眠障礙、不安、失去興趣、失去動力等等現象，有時也會有自殺的衝動。這種疾病的急性發作出現得又猛又快，目前能用多種精神病藥物迅速加以治療，而且療效良好，但前提是病人會去看醫生或是前往精神病院就診，或是在病患可能自傷或傷人的特別危急狀況下被送進精神病院。愈早愈快就醫、愈是持久可靠地接受治療，病情盡可能大幅減輕的機會就愈大。但有一成到四成的個案儘管接受了個別治療，服用了最新的精神病治療藥物，卻仍未能完全或大幅消除症狀。原因有很多，例如喝酒和吸毒都可能妨礙治療的成功，代謝作用障礙可能導致藥物被代謝掉的速度太快，太晚開始治療也可能造成治療過程效果欠佳。此外，病人當然得自己決定到底要不要服用這類藥物，以及要服用多久。無論如何，要治療這種疾病都極度需要一種充滿信賴的醫病關係。

就算藥物治療調整得很好，仍舊還是有再次患病的風險。這些疾病有可能變成慢性，乃至於常有急性發作期，而在急性發作期之外，這種疾病的其他症狀仍會繼續存在，像是社會退縮、在社交上缺少承受壓力的能力、愈來愈缺少興趣、專注力受損。不難理解這些症候在社交上對當事人會造成嚴重的後果，有時他們無法再繼續從事自己的職業，而提早退休。

如果已經患病多年，也已經出現慢性化的情況，就無法再指望能完全痊癒。不過，治療卻可以改善病人的主觀感受，而那些折磨人的妄想會消退，或至少是退居次要地位，讓病人不再覺得那些妄想很重要。對於這些病況嚴重的病人，治療目標主要在於讓他們有朝一日能夠再度自由生活，但仍住在一間受到觀護的宿舍，並且在日常生活上得到協助。從司法精神病院被釋放出院的思覺失調症患者幾乎不會再做出犯罪行為。不過，對於嚴重的慢性病患而言，一般說來這也意味著他們再也無法住在自己的地方過著完全自主的生活。

大多數的思覺失調症患者從來不會住進司法精神病院，因為他們沒有變得如此暴力或是危險。然而，許多跨國研究明白指出，從統計數字來看，相對於健康的普通民眾，思覺失調症患者有明顯較高的風險會在衝動下做出暴力行為，或是在慢性妄想中犯下表面上經過計劃的犯罪行為。如果在患病之外還有飲酒或吸毒的情形，尤其會有特別的風險。至於哪些思覺失調症患者做出暴力行為的風險比較高，則又受到特定遺傳因素與神經生理學狀態的影響。

因此，在這樣的案例中，可以很清楚地據理指出患者對自己患病一事無能為力，對於自己患病的嚴重程度也無能為力。

這種觀點對於被害人的家屬來說有可能難以承受，畢竟思覺失調症患者的暴力行為讓他們失去了一名家庭成員。這個觀點肯定無法帶來安慰，而是凸顯出犯行毫無理由。一個有病的人奪走了他們的兒子或女兒，犯罪動機源自稀奇古怪、旁人無法理解的妄想世界。家屬很難接受凶手由於罹患精神疾病而欠缺責任能力，不能接受懲罰，而被送進醫院。有時被害人家屬也會擔心凶手只是「裝瘋」，以逃避公平的懲罰。有時犯罪行為人的確會試圖對鑑定醫師說自己在犯案之時腦中聽見了某人的聲音，可是在大多數情況下，這種謊稱的病情會在醫師的診察下不攻自破，所以我只能奉勸那些人不要胡謅。犯罪行為人這種短期策略往往基於一種錯誤的認知，以為藉此能免於入獄而舒舒服服地住進精神病院，以為在醫院裡可以外出、過幾個星期之後就可以被視為病癒而獲准出院。

雖然，在個別案例中的確會出現鑑定醫師看法不同的情況，但普遍的原則是：疾病絕對不會只顯現於犯行本身。

在這件案例中，卡蘿拉·弗斯曼並沒有假裝生病。就連曼努耶·費希特的家屬在法庭上第一次見到這名凶手時，都明白她是個患有嚴重慢性精神疾病的人。這家人特別不解的是這個患病女子的風險何以沒有更早被看出來並且獲得處理，而家屬的心情我們可以理解。為什麼她沒有因為之前的暴力行為被安置在醫院裡接受治療？何況那些暴力行為每次都涉及持刀傷人？病患即使在急性發作期也無法看出自己有病，他有權利被認真看待，包括他所患的疾病和隨之而來的風險。這個風險不僅危及病患周遭的人，最終更使得原本並不會犯罪的病患有了成為罪犯的風險——而且是在沒有自由意志去做決定的情況下。

不過，個別案例的情況相當複雜。很遺憾地，在許多嚴重精神疾病上，患者的確無法看出自己生病了。這和身體上的疾病不能相提並論。如果患的是糖尿病，醫生可以向患者說明患病的原因與後果，而患者可以決定是否要為了治病而調整自己的生活，或是以何種方式來調整。但在患有急性精神疾病時，患者的感受與現實嚴重脫節，本身的完整性嚴重受損，乃至於這種狀態往往被感受為不愉快、痛苦、甚至充滿恐懼，卻無法被歸類為一種疾病。在卡蘿拉・弗斯曼這個案例中，由鄰居而起的威脅對她而言是真實的，她沒有能力看出自己的感受是一種病徵。她覺得周遭的人與她為敵，內心受到折磨，但是她不認為受折磨的原因在她自己，而認為原因在於她周遭的人。她在受苦。她去威脅那個鄰居，希望他會停止他的「強暴程式」，而那當然是不可能的。因此，她的殺人行動係出於一種完全不合情理的自救。正因為許多病患在這種急性發作期無法看出自己急需要醫生的協助，要等到發生了嚴重程度不一的意外事件之後，他們才會被送進精神病院。

當然，我們也得坦白而持平地說：治療這種疾病效果良好的藥物也有令人不適並且造成負擔的副作用。不過，病患往往把本身所患疾病的症狀全歸咎於藥物。曾有許多病人對我說：「直到我住進精神病院，服用了這些藥物，我才病了。我得了精神疾病，但這病是從那些藥物來的。之前我原本是健康的。」因此，醫生深入詳細的說明十分重要。最近「德國聯邦憲法法院」才又明確地重申：用精神疾病治療劑對不願接受治療、看不出自己患病的病患進行強制性藥物治療乃是對基本法所保障之人身自由的重大侵犯。事情毫無疑問確是如此，因此需要有定義嚴密、由法律明文規定的先決條件。醫病關係若想建立在信賴與尊重上，前提是彼此在平等的地位上相見，醫方不表現出家長式的專橫獨斷。只不過，不同於身體疾病，在某些精神疾病上，有時疾病本身會使得病患根本無法提出自己有權接受治療的要求。假如一個人妄想著他的食物全都被人下了毒，飲水則受過放射線照射，而我們明知道這種痛苦的感受是源自一種未經治療、但可以治療的精神疾病，那麼我們可以任由他餓死、渴死嗎？假如一個人由於內心受到折磨而放火燒了自己的住處，試圖自殺，因為他再也忍受不了在他腦中發號施令、發表評論的那個聲音，我們可以任由他繼續病下去嗎？

一個人必須經由治療至少回復到具有批判性判斷能力的狀態，才能夠決定自己是否要接受治療。醫生不能「強迫病患快樂」。人有生病的權利，而醫生沒有能力評斷病人本身是否覺得疾病的症狀要比藥物的副作用更令人難受。唯有病人本身才能做出這個決定，但是病人有權利藉由醫學的幫助，先回復到能夠確實對此做出自由判斷的狀態。

懲罰是必要的

萊恩哈德．許尼特格在動過一次鼠蹊部手術之後多請了幾天病假，因此下午在家。他太太瑪爾戈過來看了他一下，說道：「哈尤請我過去喝咖啡，然後我也可以順便把要洗的衣服帶回家。我六點鐘回來。」然後她就坐進汽車，開車去她兒子那裡。

當萊恩哈德．許尼特格在五點半左右聽見汽車的引擎聲和車門關上的聲音，起初他以為是妻子提早回家了。他從廚房的窗戶向外望，看見的卻是他兒子哈尤，哈尤剛剛打開房門喊他父親。當哈尤倚著門框站定，萊恩哈德．許尼特格看見他兒子的長褲和T恤上血跡斑斑，手裡拿著一個麻布袋。

「媽媽出了意外，」哈尤說，「快跟我來！」

「媽媽現在在哪裡？」萊恩哈德激動地問，他察覺到兒子的舉止明顯帶有威脅性，而且語氣緊繃。哈尤用僵直的逼人目光看著他，彷彿不容許任何異議。

「跟我來，我就會帶你去看她！」

然而萊恩哈德．許尼特格害怕起來，他預感到事情不妙。

「等一下，我先去把電爐關掉。」他撒了個謊，不敢從倚著門框的兒子身邊走過去，於是動手在電爐上轉了幾下，以轉移他兒子的注意，然後迅速打開廚房後門，跑進院子，繞過房屋，雖然他才動過手術不適合跳躍，他還是在驚慌之中跳過低矮的籬笆，落在鄰居家門口，拚命按鈴。他運氣很好，鄰居替他開了門。「請讓我進去！」他喊道。「我想我太太出事了！」

驚愕的鄰居太太沒有時間去思索這個激動的鄰居是怎麼回事，看見許尼特格先生處於原因不明的緊急狀況，就讓他進了屋裡，並且在他的催促下把門閂上。「請打電話報警！」他喘著氣說。鄰居太太把電話遞給他，於是他匆匆撥了報警的號碼，請求警方驅車前往他兒子的住處，因為他太太之前去那裡拿待洗的衣物。「我認為某件不幸的事發生了。我兒子穿著沾血的衣服站在那裡，說發生了一件意外，而我太太還沒有回來……」

這時哈尤．許尼特格已經回到車上，開車走了。後來警方藉由他的手機測定出他所在的位置。與此同時，警方必須找人打開哈尤的房門，在浴室裡發現了他母親布滿刀傷的屍體，屍體旋即被送交法醫檢查。

可以確定的是，躺在波昂法醫解剖檯上的這個婦人死前飽受驚嚇。醫生在她的右背發現了八處刀傷，而在軀幹左側另有四處刀傷。刺進腹部的兩刀傷到了肝和腸子，右腎和位在身體左側的脾臟也被刺傷。另外還有十四處刀傷分布在全身各處，但是臉部沒有受傷。掌心的割傷和兩隻下臂外側的淺傷據推測應是自衛時所受的傷，是這名婦人在死前試圖抓住並奪走凶手手上的刀子而造成的。凶手的行動顯然出自堅決的毀滅意志。事情何以至此？

警方經過詢問，得知瑪爾戈．許尼特格和她丈夫萊恩哈德，以及三個年紀在十七歲至二十四歲之間的孩子住在波昂。她當了許多年的家庭主婦，在死前有一份上半天班的工作，擔任零售店員，她曾受過這一行的職業訓練；她丈夫則是公務員。兩個年紀較輕的兒子弗里德約夫和斯凡還住在家裡，就讀於文理中學，成長良好；哈尤也從文理中學畢業，服完替代役之後開始在大學攻讀法律。父母親為他感到自豪，也很高興兒子能繼續留在波昂。開始上大學以後，他在大學附近租了一間小公寓。他常回家吃飯，瑪爾戈．許尼特格也繼續替兒子洗衣服，並且替他打掃公寓，讓他能全心準備考試，沒有後顧之憂。直到這時候許尼特格夫婦對於他們的生活都相當感恩。

可是，大兒子上大學幾個月後，家人明顯感覺到他變了。起初那是個在幾個月中逐漸改變的過程。他先是和交往多年的女友分手，對方是個好女孩，許尼特格一家人都喜歡她。不過，父母親覺得分手對這個年紀的孩子來說也不至於太不尋常。至於兒子漸漸變得沉默寡言，他們猜想他是有感情的煩惱或是考試的壓力。然後他們注意到兒子一反平日每天早晨七點去慢跑的習慣，而久久躺在床上，並且放棄了運動。他變得出奇地粗魯易怒。雖然母親多次嘗試跟她的大兒子談話，卻無法再接近他，他愈來愈難以親近，而且異樣地保持著距離。然後他父母親注意到他有時候會自顧自地發笑，而他們並不明白有什麼好笑的。這時他們第一次確定兒子生病了，於是請求他去看家庭醫師，可是哈尤拒絕了。他只說：「妳自己才該去看醫生。」

哈尤．許尼特格在案發之前就已經被確認患有精神疾病，這也是他需要做精神鑑定的原因。在檢調機關的檔案中已經有了一份詳細的醫師診斷書，記錄了哈尤．許尼特格的第一次住院治療，而在他同意下，我也得以去調閱更早期的病歷資料。

從這些檔案以及警方對他父親的訊問筆錄中，我得知早在幾個月前，這個兒子精神狀態的改變就已經首度引發他出手動粗。那時哈尤即使在白天裡也拉上住處的窗簾，把遮光捲簾放下來，在窗前裝上鋁箔，讓大片鋁箔從淋浴桿上垂掛而下。當他母親照例開車去兒子那裡，幫忙打理一下這個大學生的住處，她自然嚇了一跳。

「你簡直是有毛病，」她喊道，使勁扯動遮光捲簾的拉繩，打開窗戶，讓不流通的污濁空氣能夠散去，並且用力扯掉那一片片鋁箔。於是哈尤第一次攻擊了母親，他從後面朝她撲過去，一邊喊著：「不要動！不要動！」，一面把他的右臂架在她脖子上，但隨即又鬆開，然後開始用拳頭打她。

瑪爾戈．許尼特格俯身向前，本能地用雙臂護住頭部，並且嘗試安撫她兒子。等他放開她，她就說她只是來拿要洗的衣物，說她現在最好是讓他獨處。然後仍然不知所措的她開車回家，和丈夫商量該怎麼辦。和家庭醫師談話時，醫生推測哈尤患有精神疾病，建議他們勸勸他，陪他去精神病院求診，如果再發生攻擊事件就立刻報警，因為這樣就有機會讓他被安置在精神病院裡一段時間。然而，哈尤的父母擔心這樣做可能會損及兒子的前途，只希望這種事不會再發生。

可是事情又發生了。在第一次攻擊事件發生大約半年後，哈尤回父母家吃飯。許尼特格夫婦和三個兒子圍坐在餐桌旁，但是大家在哈尤身旁都感到不自在，因為他渾身散發出一種難以形容的緊繃。而且他也不吃東西，只是直挺挺地坐著，用咄咄逼人的猜疑目光看著桌旁的其他幾個人。

「你什麼都不吃嗎？」

「那樣你們就稱心如意了，可是我知道這是怎麼回事。現在我什麼都知道了！」哈尤回答。「你們大可以把那個輻射發電機關掉，」他說，「我有抵抗力。我告訴你們，你們會後悔的。」他的爸媽一句話也聽不懂，兩個弟弟也覺得哈尤有點嚇人。「輻射發電機？那是什麼東西？」萊恩哈德．許尼特格問，「你在說些什麼？」

「你給我閉嘴，」哈尤大聲咆哮，「我早就看穿你們了。你們一直都把輻射發電機對準了我的住處，用來把我**縮腦**。你們想把我毀掉，這一點我可是看出來了。好幾年來你們都想把我毀掉。先是用食物，可是我始終還在。現在你們有了這個可笑的輻射發電機，轟隆隆地響進我腦子裡，但是我只覺得可笑！」哈尤提高了嗓門，而且語帶威脅。

「哈尤，你生病了。我們全都不知道你在說些什麼。你得去看醫生，你需要幫助。沒有什麼發電機，這是你的想像，」萊恩哈德試圖安撫他兒子。「輻射發電機」和「縮腦」這種措辭尤其奇怪，根本就沒有這種說法。哈尤似乎創造出一種自有的表達方式來描述他的感受。

萊恩哈德沒有太多時間感到納悶，因為哈尤拿起了叉子，從餐桌旁的椅子上站起來，微微轉向左側，把叉子冷不防地戳進父親下臂，動作快到大家的視線跟不上。弗里德約夫第一個跳起來，跑去打電話報警，而萊恩哈德痛得大叫，在受到驚嚇幾秒鐘後勇敢地把叉子從手臂裡拔出來，並且斥責他兒子：「哈尤，你瘋了嗎？」

瑪爾戈・許尼特格拿來包紮用品和一條毛巾，把毛巾放在丈夫流血的手臂下面。她不敢向兒子求助，誰曉得他還會做出什麼事來？可是哈尤立刻就又坐回椅子上，開始吃吃地笑。警察、秩序局的人和急救醫師在不久之後抵達，而哈尤就這樣首次被送進精神病院。

德國每一個邦都有關於協助與保護精神病患的法律，簡稱為「精神病患收容法」。法律明文規定患有精神疾病的人在即將嚴重傷害自己或他人時可以被暫時安置在精神病院裡，即便此舉違反其意願。在這種情況下，病患會由秩序局送到醫院，首先由一名醫生來檢查病人是否患有會導致嚴重自我傷害或傷害他人的精神疾病。這樣的暫時性安置只能持續二十四小時。然後要由地方法院來決定是否要讓病人出院，或是要留置醫院多久，一般說來不能長於六週。病患若提出可靠的「自願離院聲明書」，或是已無安置理由時，這種強制性的安置就必須立刻取消。如果一個人患有精神疾病，但是並未因此對自己或他人產生立即的危險，而只是有治療的需要，那麼可以援用「觀護法」，但卻不能為了防止危險而進行強制性安置。

在這件案例中，哈尤．許尼特格在警方和秩序局人員抵達後被送去當地的精神病院。該病院的急診醫師在哈尤．許尼特格身上診斷出一種急性精神疾病，遭到疾病影響的感受導致了他對父親的攻擊。他留在醫院裡，在違反他意願的情況下住院治療了二十天，然後寫下一份「自願離院聲明書」，在五天後違反醫生的建議出了院。那是在哈尤．許尼特格邀請母親去喝咖啡之前不到五個星期。

檔案中提到他起初有專注障礙和睡眠障礙，尤其是難以入睡，即使入睡了，也只能睡一小時或一個半小時，然後就會再醒來。他內心也感受到一種愈來愈大的疏離，在自己和周遭的人之間有一道隱形的牆。他變得討厭和旁人接觸。然後，照哈尤的說法，他明白了他父母親多年來都在毒害他，說不定從他小時候就開始了，而他們的親切都只是惺惺作態。母親和父親在這樁陰謀上狼狽為奸。就他所知，他的兩個弟弟並不知情。在那段期間他自覺受到極大的傷害，以致於他和女友分手。他對她愈來愈不在乎，因為他自己的事就忙不完了。父母親變本加厲，把「輻射發電機」藏了起來，這些發電機從外面、從街道對面那排房屋向他的住處發出輻射線，也可能是從鄰居的房屋裡，緩慢而有效地摧毀他。這件事從他的疲倦就能察覺，早晨他起不了床，無法再去慢跑，無法再讀書。從那以後他就被「縮腦」了。哈尤明確地否認他有吸毒，說他中學時曾經抽過一次大麻，但那使他身體極為不適，於是他就沒再碰過。

醫師診斷書上的診斷是「源自思覺失調症的妄想性精神狀態」。醫生強烈建議哈尤．許尼特格去看精神科門診，接受治療，並且繼續服用藥物。那些藥物在他住院期間固然使他感到非常疲倦，但也使他懷疑起自己的理論，儘管他的身體仍舊感到虛弱無力，而且很難想像自己並非受到輻射線的毒害。他也覺得輻射線的作用在服用藥物後減少，但是最後他對此的解釋是醫院裡沒有裝設那種發電機，而病房區的圍牆保護他免於那些有害的影響。他也思索著他的父母親是否可能與此事並無關係。因此，在他出院前幾天，當著病房主治醫師的面，他也向父母親道歉。儘管發生了那些事，他的父母還是到醫院來探望他，並且支持他。

等哈尤．許尼特格再度出院，他立刻停止服藥。他也沒有再去看醫生，因為一方面他覺得自己狀況好轉了，另一方面卻仍舊感到疲倦，內心虛弱無力，而且他對於藥物本來就有所懷疑。另外他也不能確定那些藥片會不會只是另一種形式的毒藥，用來摧毀他。難道那些醫生有可能和他爸媽是一夥的嗎？還是說醫生的確是想幫助他，但是他母親卻偷偷地把藥片換成毒藥？他能否從母親的舉動看出蛛絲馬跡，藉以推斷出她的真實意圖？他覺得他得要先小心行事，他要停止服藥，然後再看看情況。

不久之後，他就確定他爸媽打算毀滅他，而他不會再繼續容忍此事。他已經等待太久，現在該結束這一切了。他得趁父親不在時殺死母親，因為他覺得要同時殺死他們兩個太棘手。最好是請母親到他的住處來。由於她一向會來拿待洗衣物，這是個好理由。在那之後他會去找他父親，開車帶他隨便到哪兒去。在家裡比較可能會出差錯，也許他的兩個弟弟會在家，或是忽然來干擾。

他早已把遮光捲簾再度放下，拉上窗簾，買了新的鋁箔，以一種獨特的圖形貼在房間牆壁上。他覺得鋁箔能夠稍微擋住輻射線。他也改變了他的飲食，買了嬰兒食品，因為他猜想他可以確定嬰兒食品裡沒有下毒。這使他體重大為減輕，不過他反正也不怎麼想吃東西。他喝下一公升又一公升的濃咖啡來取代食物。

哈尤．許尼特格在附近一間家庭用品店買了一把切火腿的刀子，刀刃長二十公分。以他身為大學生的收入來說相當昂貴，但是他認為值得。他把刀子放在住處小小門廊鞋櫃上的一個罐子裡。他考慮要說服母親到狹窄的浴室裡去，以便用刀子攻擊她。在浴室裡沒有什麼地方可逃，他認為這很有利。然後他打電話給母親，盡可能表現得很鎮靜，也尚稱友善。他邀請她來，而她來了。

起初他還真的替她斟了咖啡，沉默地坐在她對面。有鑑於她兒子怪異的居住方式，瑪爾戈．許尼特格在死前肯定確知哈尤仍然生著病，或者說他的健康情況又惡化了。

但她無法再親口述說這些事了，因為根據案發情況可以重建的部分，瑪爾戈．許尼特格在她兒子前面走進那間小浴室，浴室裡放著一個裝髒衣服的塑膠籃，接著她就遭到他持刀猛烈攻擊，刀子是他先前迅速從那個小櫃子上拿來的。她毫無機會，沒有再活著走出那間浴室。可以想見瑪爾戈．許尼特格有多麼害怕，又有多麼絕望，因為她無法再安撫自己的兒子。

哈尤．許尼特格洗了手和刀子，卻沒有換衣服，而就那樣滿身血污地從母親的手提袋裡拿出那串鑰匙，包含房門鑰匙和汽車鑰匙，跑向她那輛福斯Polo車，開車到父母家。他把刀子塞進一個麻袋，放在汽車前座，方便之後拿在手上。

哈尤．許尼特格由於已知患有精神疾病而被暫時安置在司法精神病院裡，當我在住院病房區與他見面，可以看得出來他病得很重。

初次談話時，他坐在會客室裡的一張桌子旁，已經不像先前的描述中那麼消瘦，但是嚴重分心，總是看向房間的各個角落或是抬頭望向天花板，而他的笑聲十分特殊，顯得與他真正的心情完全無關。在住進醫院之後不久，哈尤．許尼特格曾試圖自殺，從淋浴間牆壁上敲下一塊磁磚，用碎片割破了手腕，但是割傷的深度沒有危及生命。我看見他手臂上結痂的傷口。他的思路沒有條理，一再中斷，似乎迷失在空無之中，於是我迅速結束了第一次談話。在這種狀態下不可能進行完整的精神鑑定，所以我只先記下精神病理學的診斷結果，亦即哈尤．許尼特格的精神狀態，問了幾個問題，以求更能理解他表面上的思考過程和所謂的「思考內容障礙」，亦即過度執著、古怪、或其他脫離現實的信念和思想內容。

「嘖，嘖，嘖……（停頓）嗯，這實在……我的腦縮小了，老太婆死了，而我被關在這裡……」許尼特格先生笑了。「妳肯定很清楚，我體內所有的毒藥……那就像……就像是砷細菌……我的腸子溶化了。」他又笑了，扯動嘴角的方式卻好像就要哭起來。我告訴他我過些時候會再來更詳細地詢問他，接著也這樣告訴病房主治醫生。我在足足過了三週之後再來，希望看見他的精神病理學狀態變得比較穩定。一開始的這時候，他還病得太重，無法做完整的鑑定檢查。

這一次許尼特格先生能用簡短的句子告訴我他是家中老大，和兩個弟弟在有秩序的環境中成長，小時候自覺受到父母喜愛，和外公外婆的關係也很好。不過一個姑姑曾經患有精神疾病，在精神病院住了很久，最後可能是自殺了，當時他還是個小孩，家人就沒有再談起這件事。週末時他父親會照顧三個兒子。哈尤上了幼稚園、小學，在確定性向之後進入文理中學就讀，學習對他來說很容易，他也有一小群朋友，人數不多，但很穩定。他和兩個弟弟相處得很好，除了小時候難免都會有的那些小摩擦之外。小時候他踢足球，青少年時期培養出慢跑的興趣，維持著慢跑的習慣很長一段時間，一直到上大學。十七歲讀中學高年級時他認識了他的女朋友，她在中學畢業後決定去接受銀行商務的職業訓練。除了有一次在學校裡發生運動意外造成脛骨骨折，他一向都很健康。如同我在檔案資料中所讀到的，他向我證實他在青少年時期曾經試抽過一次大麻，就只有一次。他說起服替代役，說起他從家裡搬出來，還有他起初覺得母親替他擔下了那麼多家務事實在很方便。然後他說起他確信父母親的好意背後其實藏有陰謀。

「那大概是從兩年前開始的。當時我必須要準備考試和寫作業，但我再也無法集中注意力。我也睡得不好，覺得身體不舒服。起初我還是每天慢跑二十公里，但我漸漸失去了力氣，沒辦法再去跑了。有某種東西吸走了我體內的力氣。然後我聽見一種電器的嗡嗡聲，電流的脈動……很奇怪！這怎麼可能呢，我心想。然後我媽和我爸總是那麼奇怪地看著彼此，這是我回家跟他們一起吃飯時注意到的，以前我根本沒有注意到。我實在不知道為什麼我沒有更早察覺。他們那樣看著彼此，眨著眼睛……妳知道，就像這樣！」哈尤．許尼特格快速眨動眼睛，把眼皮緊緊閉上。

「喔。而那意味著什麼呢？你的看法是？」我問。

「我想，他們一直在向彼此打暗號，表示那個毒藥發生作用了。可是他們什麼也沒說。」

「那你弟弟他們呢？他們也是一夥的嗎？」

「不，他們不是。」

在談話中，他臉上一再出現一種鬼臉般的笑容，與當時的情況完全不相稱，甚至顯得脫節。由於藥物的作用，他說話仍然有點慢，他顯得疲倦，也常打呵欠。「……那時候我覺得愈來愈虛弱無力，後來我根本就起不了床。光線是那麼刺眼，我把窗簾拉上，然後明白了這是怎麼回事。妳懂嗎？我忽然就懂了！我明白了那件事其實已經進行了好幾年……所以我媽才會擔心……我媽和我爸在那些年裡都在設法對我下毒，其實這件事是出自我媽，但我爸沒有反對，他就只是袖手旁觀，然後也參了一腳。」

我問他是否也能聞到或嘗出那毒藥。

不能，他說那毒藥沒有味道，但是他常常覺得噁心，有時候他也故意吃完再把食物吐掉。

哈尤．許尼特格敘述著他有哪些身體上的不適，他感覺腦袋昏沉，很難思考，還有他漸漸覺得他的住處從外面受到輻射線的照射。他描述日出的景象，認為天空染上的顏色和對準他發送的放射線有關。他敘述他如何察覺自己的內臟在放射線和毒藥的作用下起了改變，幾乎無法再吃東西，試著改吃嬰兒食品。生活對他來說變得難以忍受。他感覺到腸子在肚子裡收縮，認定那是毒藥和放射線造成的後果，認定他會活生生被害死。他的父母沉默地觀察著他的不幸，用同謀的眼神彼此交換心意，似乎對此很享受。

以一種獨特的冷漠和對具體細節的描述，哈尤．許尼特格接著敘述他如何找了個藉口把母親誘進那間狹窄的浴室，用刀刺死她。「我把刀子刺進我媽身上。可是我很驚訝我需要刺那麼多刀……她根本殺不死！然後她發出了一種聲音，一陣『噢嗚』聲……」哈尤．許尼特格發出了一陣模糊的氣音，「彷彿空氣從她體內漏出來。一個氣囊……」他說那對他來說很吃力，說他也開始很生氣，因為她根本沒死，至少起初沒死……

「現在你怎麼看待自己做的事？」我問他。

「我生氣我的計畫在我爸身上沒有成功。我想開車帶他到一個僻靜的地方，在那裡用刀刺死他。可是現在我在這裡。」哈尤・許尼特格不帶感情地敘述他殺死母親一事，就好像在報告一項機械實驗。在他的敘述中，母親發出的聲音和她的反應絲毫沒有人性的意義，而純粹只是有趣的現象。

對於頭一次經驗到這種精神疾病症狀的人來說，這是種令人心情沉重、不寒而慄的經驗，精神科醫師則熟悉這種特殊的情感冷漠是疾病的一部分。情感共鳴能力消失了，亦即無法對他人做出體諒、具有同情心的反應。這種疾病一方面使患者對周遭的人所造成的干擾高度敏感，很快就覺得別人的親近太過強烈、帶來太多負擔，一方面則造成患者對社會退縮和孤立的需求升高。另一方面，當事人對自己也表現得異樣疏離。

說到這裡，我想起了另一個患有思覺失調症的男子，他也殺死了他母親，也自認為多年來都遭到她下毒，而他在法庭上一起看著法庭向在場之人展示的解剖照片，一副饒富興味而且事不關己的態度。在那些彩色照片上看得見那個婦人被割裂的屍體的種種細節，包括胸腔、腹腔、肺臟和背部肌肉。對於這個作兒子的居然真的想看被他殺死的母親的照片，主審法官顯然有些錯愕，然後法官問他：

「看著這些照片，現在你有什麼感覺呢？」法官這個問題指的是這些照片可能會傳達出的情感內涵。那個患有思覺失調症、而且看得出來病情仍然很重的男子回答：「喔，照片的色彩很豐富，我喜歡。」他眼中的照片是由淺紅、深紅（肌肉）和黃色（脂肪組織）所構成的彩色圖案。

我和哈尤．許尼特格談起他在精神病院住院期間，曾經短暫懷疑過自己的想法。「對，那時候我曾經不太確定。每個人都會有不確定的時候。可是等我出院之後，我就很確定一切都跟以前一樣。在醫院裡他們不能對我怎麼樣，可是我總不能一直留在醫院裡，只因為我爸媽想要殺害我。」他說當時藥物也只是使他感到疲倦，對他並沒有真正的幫助。再說他也根本沒生病。

「可是你現在也還在服用藥物？」我插了一句。

「對，因為醫生想要我服藥，可是事實上我不需要吃藥。之後我也會再停止服用。」他說他仍舊確信他爸媽想要殺害他，至於原因何在，他不知道。「懲罰是必要的。」

在哈尤．許尼特格身上，毫無疑問可以確定診斷出他患有屬於思覺失調症的精神疾病。在法律上被稱為「病理之精神障礙」，是檢驗當事人是否「責任能力顯著降低乃至完全欠缺」的基礎。

在這個案例中，殺死母親的犯罪動機以及隨之而來的所有行動都與他在犯罪之時無法糾正的妄想息息相關，他妄想自己受到父母的虐待和毒害。從作案計畫來看，表面上的控制能力當然並未完全欠缺，反而表面上的行為相當有條理、有計畫。在這類案例中有利於認定「不具有責任能力」的情況是病人沒有能力和自己的病態動機保持距離，這些病態的動機不再受到他的控制。在疾病發作時他恰恰無法再問自己這件事是否出自他的想像。有時患者的其餘人格特質在病中會劇烈改變，乃至於針對「犯罪行為人在犯罪之時是否可能做出不同的行為」這個問題必須做出否定的回答。

法庭判定哈尤．許尼特格係在「欠缺責任能力」的狀態下做出行動，判定將他安置在一所精神病院。

司法精神病院經常要面對類似哈尤．許尼特格這樣的犯罪案例。目前被法院強制安置在精神病院的病患中有大約有四成係患有思覺失調症。

基本上這並不令人訝異，因為我們不難想像，無法糾正且內容具有威脅性的妄想會使人自以為處於危險之中，雖然事實並非如此。有時他們還會聽見腦中有聲音在發表評論或發號施令，迫使他們採取行動。為什麼有的思覺失調暴力犯罪者偏偏殺害了自己的母親，有的去攻擊父親，又有的去攻擊街道上全然陌生的人，對此我們所知甚少。是什麼決定了一個人陷入妄想時的感受？

針對這個問題到目前為止沒有令人信服的答案。然而，思覺失調症患者的妄想往往涉及嚴重的自身感受障礙，例如在哈尤．許尼特格身上，他感受到自己的器官在融化或是萎縮，結合了自己身受陌生力量之擺布的信念。這時「被害妄想」和「中毒妄想」意味著病患的感受可能會導致攻擊性的反應，並且針對自己在病中想像出所受到的折磨進行自衛。

典型的「抑鬱性妄想」則比較是「罪惡妄想」，患者會認為世界正在毀滅，生活令人絕望而且沒有意義。

我為什麼選擇敘述這個案例呢？這本書的書名（編按：指原文書名直譯）是「人人都可能成為兇手」。難道每個人都可能殺死自己的母親，也許連父親也一併殺死嗎？這不是問題所在。問題在於每個人都可能罹患思覺失調症。哈尤．許尼特格生病不是他的錯，是命運使他生了病。這涉及腦部一種十分複雜的代謝障礙，也涉及一種所謂的「訊息過濾障礙」，造成大腦無法再區別重要和不重要的資訊。

哈尤．許尼特格一案中的家庭悲劇既可怕又不幸，但是法治國家的一個價值就在於把患有精神疾病、不具有責任能力的犯罪行為人和健康而有責任能力的犯罪行為人加以區分，也在於法律明文規定精神疾病患者有權得到協助，哪怕他們犯下了十分嚴重的罪行。

後記

什麼樣的人會犯下這種罪行？這本書就是從這個問題出發。我們總喜歡把「邪惡」定位在我們自身和我們所處的社會環境之外，而「邪惡」具有什麼樣的本質？「邪惡」在醫學上究竟算不算個主題？這是否更應該落在哲學和神學的專業領域？

「邪惡」不是醫學用語，也不是精神醫學用語。一如其他與司法有關的科學，不管是犯罪學還是法醫學，司法精神醫學所處理的是「邪惡」的一個特定部分，亦即人類毀滅性行為的一種表現形式，表現為犯罪行為而成為法治國家懲罰的對象。然而「邪惡」其實遠遠超出這個範圍，自古以來就是人類歷史的一部分。一神論的宗教深入地探討邪惡，我們只要想想耶穌基督被釘上十字架這個主題，古代大師畫過許多描繪此一主題的畫作，當我們站在這樣一幅畫前面，我們看見的是一個折磨和處決的場景。人類在受苦，而且主要是由於人類自身而受苦，或者說由於別人將痛苦加諸在他身上而受苦。我們明確地把「邪惡」這個概念和別人加諸於我們的傷害相連結，誰也不會想到要把一座火山或一場海嘯稱之為「邪惡」。天災造成了可怕的災難和極大的痛苦，卻超出了道德判斷的範圍。

至於犯罪意義上的「邪惡」，亦即法律所禁止的事，隨著社會、時代、文化的不同而有所差別。通姦在某些伊斯蘭教國家是犯罪行為，在德國卻不是。同性成年人之間彼此合意的性行為在德國從一九七三年起就是法律所允許的，刑法第一百七十五條在一九九四年被完全廢除，但這種行為在其他某些國家卻會受到法律懲罰，甚至會受到死刑的制裁。對兒童的體罰在四十年前還是常見的教育方式，如今的兒童則有權接受不含暴力的教育。也就是說，什麼是好，什麼是壞，什麼對兒童的發展有益，什麼有害，這一向取決於複雜的文明化過程。殺人本來是法律所禁止的，但在戰爭中或是在打擊恐怖行動時就適用另一套複雜的規則。

一個人甚至不必是個完全邪惡的人，也能做出邪惡的行為。而一個完全邪惡的人，甚至也未必有什麼不尋常的特質。有可能正是從平庸之中產生了一股特別的能量，為了自己的虛榮目標，這股能量被用來從事破壞性的行為。德國的納粹歷史正好清楚地展示出我們每個人基本上都有可能或有能力做出邪惡的事。這取決於我們所遵循的意識型態，取決於我們用以校準自我價值的價值觀，取決於我們賦予「責任感」和「義務感」這些概念何種內涵。而且這肯定也取決於我們早期情感關係經驗的品質，此一經驗基本上決定了我們在世上的生活和我們與他人之間的關係。當有人問我何以會有人做出邪惡的事，我之所以會感到尷尬，是因為我覺得在德國，其實只有在無視於歷史事實時才問得出這個問題。

奧地利作家瑪麗・馮・埃布納—埃申巴赫（Marie von Ebner-Eschenbach, 1830-1916）以她一針見血的警句聞名，她曾說過：「如果絕不以行善之名去作惡，那麼世間的惡就會減少許多。」這句話適用於以政治和宗教為由的罪行，最終也適用於個人的犯罪行為，犯罪者往往也告訴自己，他的犯罪行為是合理的，以在內心給予自己動手犯罪的許可。但是其實我們全都會以可能的「善」為由而給自己許可，只是後果比較沒有那麼戲劇性。

如今會有人問，一個成年男子怎麼會在田野道旁襲擊並殺害一個小孩，然而就在幾十年前，卻有許多為人父者在孩子的母親面前殘忍地殺死幼童，這件事總是一再令我心情沉重。意識型態決定了價值觀和道德。而當意識型態扭曲了價值觀，亦即顛倒了是非黑白，那麼義務感、責任感、自制力也就遭到扭曲。如今個別犯罪者在這種可怕的意識型態之外犯下罪行，也許這正促使了世人去問「為什麼」。然而精神醫學也無法真正回答這個問題。「為什麼」這個提問將世間的痛苦指向更高一層的意義問題，並且遠遠超出醫學的專業範圍。人類為什麼必須受苦？為什麼人類必須承受由他人所帶來的痛苦？到頭來這是神學問題，或者說是世界觀的問題。針對「為什麼」這個問題的答案能夠安慰我們嗎？

我之所以挑選了本書中所述的案例，是因為它們在司法精神醫學醫師經常要鑑定的案例中具有代表性，也因為它們在本質上其實並不特別聳人聽聞。像傑弗瑞・達默（Jeffrey Dahmer）或約阿辛・克羅爾（Joachim Kroll）這樣著名的連續殺人犯終究是罕見的例外，前者在一九九一年由於十五樁殺人案在美國被判處終身監禁，幾年後在監獄裡被一個患有精神病的牢友打死；後者以「杜易斯堡食人魔」之名在犯罪史上留名。對於人性中的「邪惡」，基本上這些罕見的例外能告訴我們的少之又少，因為它們發生在人性的極端邊緣。塔姆、布魯克斯和哈弗勒都殺死了自己的妻子，但他們並非典型的罪犯。他們成長於守序的環境，犯罪之前的人生平凡無奇，肯定不會把自己描述成罪犯或殘暴之人，而在犯罪之前也的確不是這樣的人。基本上他們彰顯了我的論點：人人都可能成為凶手。事情只取決於個人的處境、個人的犯罪門檻和個人的觸發點——或是取決於相應的極權意識型態。卡蘿拉・弗斯曼和哈尤・許尼特格也不是典型的罪犯，卻還是殺了人。貝恩德・齊騰巴赫個性虛榮而無情，但是若要問，為什麼他為了自己的虛榮心而去殺人，而許多同樣虛榮的當代人卻絕對不會做得這麼過火，這個問題最終也不會有答案。而從班諾・哈科和拉爾夫・寇瑟巴赫的成長過程可以清楚看出，遠在這些人成為犯罪者之前，他們自己就已經是受害者。像這樣的人我尤其經常碰到。悲慘的童年並不是殺人或強暴的藉口，這種藉口對受害者來說毫無用處，也完全不重要。犯罪者本身也不能拿精神受到創傷的童年來當藉口，因為假如是這樣，他們就也有正當的理由繼續犯罪。童年無法重來，時間無法倒流，一個人能夠影響的只有自己在未來的行為，但就算他真心想改變，這條路也已經夠坎坷、夠艱難了。回顧一個小孩在什麼樣的環境下成長，回顧他如何體驗到這個世界和周遭的人，明白顯示出人格的嚴重錯誤發展很少是憑空出現的。童年能夠解釋一些罪行，卻不能當成藉口。儘管如此，在法律制度中仍舊有充分的理由將之納入考量，以檢驗判斷責任能力的第四個標準，所謂的「其他嚴重之精神異常」，在犯罪行為人具有特別嚴重之人格錯誤發展時，法院有可能承認具有減輕罪責的理由，並且將犯罪者安置在司法精神病院的治療機構，而非送進監獄。

不過，把危險性、犯罪行為和精神障礙畫上等號，卻是大錯特錯。

如果撇開暴力行為的典型「瘋狂」理由不談，那麼暴力行為就只有兩種根本的源頭：「自我價值的膨脹」和「衝動控制不良」。第一個原因比較是心理學上的，第二種原因則比較是神經生理學上的。我要再次引用瑪麗・馮・埃布納—埃申巴赫的一句話，這句話對我而言意義重大：「大多數的人所需要的愛比他們所應得的更多。」面對由人所造成的痛苦，我覺得這種態度是個關鍵。並不是說我認為該以固執的天真去面對所有的人，而是因為我認為這句話總結了那份理解，明白人類的脆弱乃是其惡劣行為的根源。

不過，如今暴力根源的問題也許由於其他原因而變得同樣重要。我們所生活的時代和社會，基本上對於譴責暴力已形成共識。整體而言，比起六〇和七〇年代，更別提二十世紀上半葉，如今的教育過程中肯定更少出現暴力。社會意識中對於各族群所受到的歧視遠遠更為敏感，而且我們極其幸運地生活在一個沒有戰爭的時代。對我們來說，暴力基本上是個人所犯下的行為。大家也許很難相信，但是在六〇和七〇年代遠遠有更多兒童成為性侵殺人罪行的受害者，然而直到如今我們才在社會上及刑事政策上對這些可怕的罪行做出反應。面對特定形式的暴力，我們的反應並非取決於該罪行的發生率，而是取決於社會對此一罪行的譴責程度。

現今大家更強烈地意識到性暴力的存在、害處與不當。如今若是有人把性暴力的犯罪責任歸咎於受害者，保證會使自己喪失評論的資格。不過，似乎正是由於社會對暴力的接受度低，反而使大家對暴力更感興趣。否則很難解釋為什麼儘管實際上暴力犯罪的發生次數減少，相關報導卻增加了幾十倍乃至上百倍，因此在大家的主觀感受上也加倍感受到威脅，雖然數字顯示實情不然。直到如今才曝光的七〇和八〇年代發生在育幼院的性侵醜聞也正顯示出這些罪行並非變得更常發生——這些罪行一直都存在，而且是在任何時代都有。只是如今的社會有了更好的基礎來消除禁忌，讓受害者能夠為自己和自己的權利發聲。這一切都是文明上的進步。儘管如此，我們不該無視一件事實，亦即我們的整體生活條件大大促進了我們的集體道德意識，使我們得以維持一種自我形象，以為我們頂多只會做出違規的事，卻不會犯罪。

當我看見汽車上貼著「停止用動物做實驗——改用性侵兒童者」字樣的貼紙，我就會覺得我們的文明水準在某些地方有點薄弱。在一個只不過三代之前曾經在人類身上進行過所謂「醫學實驗」的國家，這種口號居然沒有引起口誅筆伐實在令人訝異。我的意思絕對不是說我把性侵罪行當成小事，將之美化，更絕非贊成。性侵兒童之所以應受懲罰自有其道理。

但我想談的是「我們要對自己的行為負責」此一意識——除非是由於嚴重的精神疾病、智能嚴重異常、或是人格的錯誤發展導致責任能力降低，並且獲得證明。這是所謂「雙軌制刑法」的成就，在懲罰行為罪責以及對無責任能力之人的治療（與保安收容）之間做出區分。也就是說，在一般情況下，我們也要對自己所受的誘惑、所追求的愛好和價值觀負責，但我們不必為自己實際上是什麼樣的人負責。而要接受「我們自己原本的樣子」有多難，從某些經濟產業的興盛即可看出，這些產業的目的在於謊稱我們可以變得比自己原本的樣子更好、更美、更完整。基本上各大宗教正是以比喻指出了每個人在世上的意義就是活出他本來的樣子。這絕對沒有將惡行合理化，但並未否認作惡之人的人性。

世人出於種種不同的動機而犯下惡行，而我們傾向於對這些動機做出不同的評價。例如，當我與自己專業領域之外的人士交談時，我發現比起出於貪婪而殺人，因嫉妒或失戀而犯下的殺人罪行會受到更多包容。其原因也在於比起承認自己的貪婪和虛榮，要認同失戀的痛苦對我們來說比較容易。在世人的評價等級中，由於貪婪和虛榮而殺人與性侵殺人同屬於最低一等，只有對兒童的嚴重性侵罪行等而下之。因此，在針對暴力犯罪行為做道德評估時，受害者的年齡和自主程度也很重要。老年人和兒童獲得的同情最多。如果受害者是特別成功的人士，在討論時就涉及較多的矛盾情感。這時要看此人是否屬於公眾認同的對象，或是在何種程度上具有名人的地位。如果一個受害者是富有的銀行董事夫人，遭到職業罪犯綑綁並塞住嘴巴、關在別墅的地下室裡，使她一整夜都沒有水喝也不能上廁所，而另一個是領養老金的老太太在提款機前被人搶走皮包，公眾對後者的義憤會大得多。常會有人說：「如果一個人這麼有錢，發生這種事就不必感到奇怪。」最近我聽到有人說「誰叫她這麼有錢。」在一個社會政治具有爭議性的時代，當社會階層之間的差距愈來愈大，中產階級愈來愈小，這種看法逐漸獲得贊同。不過，到目前為止我還從未見過真正劫富濟貧的羅賓漢。那些具有強大犯罪衝動、有時本領也很大、奪取了鉅額金錢的人幾乎不可能跑到市政機關去說：

「這裡有錢讓你們成立新的托兒所。」而是會把偷來或搶來的錢用來及時享樂。因此，我們的「不法意識」在這些地方有點軟化。也就是說，問題不總是只在於哪種行為是惡行，邪惡的程度顯然也和惡行是發生在什麼人身上有關。這和哲學家康德所說的「道德無上命令」大概沒有什麼關係，反而令人憂心地趨近於反社會人士那種相對而有彈性的道德觀，他們往往擅長把自身行為的責任推到別人身上。如果去問一個具有犯罪性反社會人格的人，他為什麼爬進某一棟屋子裡，他會說：「因為那裡的窗戶沒關。」在犯下偷竊罪時他會說：「因為那隻手機就擺在那裡。」碰到這種情況讓我想起我的少年時代，那時強暴罪的受害者常被認為長得太漂亮，犯罪者的過錯因而和受害者的裙子長度被扯在一起。認為受害者對自己的受害也有責任，這種基本想法可以擴大到許多犯罪領域，而且不無可議之處。最近我在一本一九五一年份的犯罪學專業期刊裡發現了一段文獻資料——以如今的眼光來看可能會令人嗤之以鼻。一位克羅茲哈格先生在發表於期刊中的文章裡寫道：「……在任何其他犯罪行為上都不像在妨害風化罪行上可以經常確認受害者也要負一部分責任。在此事上，古老的犯罪學經驗得到證實，亦即在許多情況下一樁犯罪行為的受害者乃是導致犯罪行為的原因……」[1]這位作者接著以華麗的辭藻描述了那些受害的年輕女孩的外表，讓人不禁搖頭。如今政治與社會層面都發出了明確的信號，表明我們不願意接受罪行的重演，而我認為對暴力犯罪行為的譴責實是社會的一大進步。然而，即使在六十年後的今天，我們距離克羅茲哈格先生的思考邏輯以及把責任推給受害者的思考邏輯，並不像我們所自以為的那麼遙遠。

在這一點上，在一些針對所謂「強暴迷思的傳播」所做的研究裡描述過一種特別邪惡的現象，亦即，一個比較有魅力的女人對於強暴犯來說會是比較好的對象，因此，一個外表比較不漂亮的受害者想來多半是特別挑起了施暴者的犯罪行為。嘴巴被塞住、在地下室裡尿濕了衣服的銀行家夫人和其貌不揚的強暴受害者其實相距不遠。這公平嗎？我們的感受合理嗎？在我們的規範和價值觀裡，我們的思考方式有時是否更接近犯罪者，遠超過我們所樂意的程度？我常聽到暴力犯罪者說，被他們揍得必須住院的受害者「挑釁」了他們。這時我偶爾會追問對方，如今只有犯罪者被拘留待審是否不公平？是否也該一併起訴受害者？我們心目中「善良受害者」的形象是那個完全不帶攻擊性、無力自衛、徹底居於劣勢的對象。

如果以「生命原則」作為值得保護的最高良善，這種考量就毫無用處。

對我個人來說，邪惡存在於違背了「生命原則」的思想與行為。凡是阻礙、切斷、毀掉或破壞成長與發展的一切均屬之。舉例來說，因此我們在日常用語中也會說癌症是「惡性」的，因為癌細胞雖然會蔓延和生長，但是隨著它們的蔓延過程卻會危及當事人的生命並且使他日漸衰弱。破壞和暴力也一向表達出敵視生命的經驗。幾乎不曾受到父母照顧的兒童乃是在敵視生命的環境裡成長，因為兒童需要關懷、支持、鼓勵，也需要限制、秩序和前後一致的回應。罹患思覺失調症的人遭遇了值得我們嚴肅以對的命運，理應得到協助和支持，因此當我們碰到由這類病患所犯下的嚴重暴力罪行，我們也必須自問我們的協助體系和法律制度

---

1 原註此段引文出處：H. Kreuzhage, »Sexualverbrechen-einmal anders betrachtet«, Kriminalistik 5, Bl. 75-77 (1951).

在具體的個案中是否在哪裡失靈了。這是個牽涉很廣的問題，在此處無法適當地加以詳述。

然而另一方面，我認為把犯罪行為的責任從犯罪者身上往社會上推也同樣是種致命的錯誤發展。首先，一個人要對自己所做的事負責。在我們（德國）的社會裡，十八歲就被視為成年，並且可以參與政治、具有決定權。凡是享有權利的人就也負有責任，但是，一種想要兼顧人性尊嚴與預防再犯的合理刑事政策，無法迴避強調治療的基本態度。

我堅決反對把那些犯下嚴重罪行、深深傷害了他人的人視為泯滅人性的妖魔。我在做精神鑑定時，面對的從來不是怪物。事實上，作為人類，我們彼此間的共同點遠遠多過差異。當然，偶爾會有一、兩個被鑑定人難以相處，有時明顯考驗著我自己的耐心。這些犯罪者由於他們的罪行而未能完全發揮他生而為人的可能性。

看出動機和關聯遠遠不表示替罪行開脫辯解、把罪行當成小事，更不是贊同罪行、或把罪行描述為某種致命錯誤所發展出的必然結果。並非每個愛慕虛榮的人都會決定為了取得自己所需的金錢而去殺死老年人；並不是每個年輕母親都會棄新生兒於不顧，只因為她不能確定自己的父母是否會樂於見到再下一代的出生；每年的離婚案件多達幾千樁，其中絕大多數最後都還算文明地解決，只有極少數人會殺死自己的伴侶。可是倘若我們更擅於理解關聯，在人身上更早、更可靠地看出錯誤的發展，並且更精確地診斷出人的精神健康風險和疾病根源，精神醫學和心理治療便有能力提供幫助，以走向一個少有暴力的理想社會。

這一切都不可能免費取得。促進心理健康的社會協助體系需要花錢，不是因為在這些體系中工作的人領有高薪，而是因為這類協助體系若要有效就難免需要很多人力。比起現在的作法，社會協助體系必須要更早介入。如今我們花了很多錢（雖仍嫌太少），但協助體系介入的階段對當事人的生命而言還是太遲。社會協助必須堅定地在童年時期介入，而且是在童年的早期，那是為人格與性格培養基礎的時期，是我們對人與人之間的情感聯繫與關係發展出信賴、或是信賴遭到破壞的時候。破壞性行為是人類固有的可能性，這一點我們無法改變，因為我們無法改變人性。我們就是這樣。但正因如此，正因為我們都是用同一種木材刻成的，只在細微的紋理上有所差別，我們必須辨認出那些犯下醜陋罪行的人也是人——從而在其中也看出我們自己。

臉譜書房 FS0074

告訴我，你為什麼殺人：司法精神醫學專家眼中暴力犯罪者的內心世界

Jeder kann zum Mörder werden: Wahre Fälle einer forensischen Psychiaterin

原著作者	娜拉・塞美（Nahlah Saimeh）
譯　　者	姬健梅
審 訂 者	楊添圍
責任編輯	廖培穎
行銷企畫	陳彩玉、朱紹瑄
出　　版	臉譜出版
發 行 人	凃玉雲
總 經 理	陳逸瑛
編輯總監	劉麗真
	城邦文化事業股份有限公司 台北市民生東路二段141號5樓 電話：886-2-25007696　傳真：886-2-25001952
發　　行	英屬蓋曼群島商家庭傳媒股份有限公司城邦分公司 台北市中山區民生東路141號11樓 客服專線：02-25007718；25007719 24小時傳真專線：02-25001990；25001991 服務時間：週一至週五上午09:30-12:00；下午13:30-17:00 劃撥帳號：19863813　戶名：書虫股份有限公司 讀者服務信箱：service@readingclub.com.tw 城邦網址：http://www.cite.com.tw
香港發行所	城邦（香港）出版集團有限公司 香港灣仔駱克道193號東超商業中心1樓 電話：852-25086231或25086217　傳真：852-25789337 電子信箱：hkcite@biznetvigator.com
新馬發行所	城邦（新、馬）出版集團 Cite（M）Sdn. Bhd.（458372U） 41, Jalan Radin Anum, Bandar Baru Sri Petaling, 57000 Kuala Lumpur, Malaysia. 電話：603-90578822　傳真：603-90576622 電子信箱：cite@cite.com.my
一版一刷	2017年7月
一版四刷	2019年4月
	版權所有，翻印必究（Printed in Taiwan）
I S B N	978-986-235-594-7 定價340元 （本書如有缺頁、破損、倒裝，請寄回本社更換）

城邦讀書花園
www.cite.com.tw

國家圖書館出版品預行編目資料

告訴我，你為什麼殺人：司法精神醫學專家眼中暴力犯罪者的內心世界／娜拉・塞美（Nahlah Saimeh）著；姬健梅譯. -- 一版. -- 臺北市：臉譜出版：家庭傳媒城邦分公司發行, 2017.07
面；　公分. --（臉譜書房；FS0074）
譯自：Jeder kann zum Mörder werden: Wahre Fälle einer forensischen Psychiaterin
ISBN 978-986-235-594-7（平裝）
1.犯罪心理學
548.52　　106008942

© 2012 by Piper Verlag GmbH, München/Berlin
Complex Chinese language edition published in arrangement with Piper Verlag GmbH, through CoHerence Media